목자를 아는 양

하나님의 사람을 찾아 떠나는 시편 23편 여행

장원철 지음

좋은씨앗

목자를 아는 양

초판 1쇄 인쇄 | 2013년 4월 30일
초판 1쇄 발행 | 2013년 5월 13일

지은이 | 장원철
펴낸이 | 신은철
펴낸곳 | 좋은씨앗
출판등록 | 제4-385호(1999. 12. 21)
주소 | (137-886) 서울시 서초구 양재동 2-30번지 덕성빌딩 4층
편집부 | 전화 (02)2057-3043
영업부 | 전화 (02)2057-3041 팩스 (02)2057-3042
www.gsbooks.org

ISBN 978-89-5874-207-4 03230

printed in Korea

저자와 출판사의 허락 없이 내용의 일부를 인용하거나 발췌하는 것을 금합니다.

시편 23편

여호와는 나의 목자시니
내가 부족함이 없으리로다
그가 나를 푸른 초장에 누이시며
쉴 만한 물가로 인도하시는도다
내 영혼을 소생시키시고 자기 이름을 위하여
의의 길로 인도하시는도다
내가 사망의 음침한 골짜기로 다닐찌라도
해를 두려워하지 않을 것은 주께서 나와 함께하심이라
주의 지팡이와 막대기가 나를 안위하시나이다
주께서 내 원수의 목전에서 내게 상을 베푸시고
기름으로 내 머리에 바르셨으니 내 잔이 넘치나이다
나의 평생에 선하심과 인자하심이 정녕 나를 따르리니
내가 여호와의 집에 영원히 거하리로다

CONTENT
차례

들어가는 말 8

1장 목자를 여호와라 부르는 양　14
여호와는 17
나의 목자시니 25
내가 부족함이 없으리로다 31

2장 오늘의 목자를 만나는 양　44
목자 vs 양 48
일 vs 쉼 52
즐기기 vs 근심하기 62
'오늘'의 목자를 만나는 양 71

3장 목자를 주인공 되게 하는 양　78
내 영혼을 소생시키시고 87
자기 이름을 위하여 92
의의 길로 인도하시는도다 97
천 길 낭떠러지에서 100

4장 24시간 목자를 만나고 있는 양　　108
바닥을 드러낸 초장　110
사망의 음침한 골짜기 vs 주의 지팡이와 막대기　117
두려움 vs 든든함　122
나의 24시간은?　136

5장 목자의 잔을 받은 양　　142
하나님의 식탁　148
하나님의 기름　161
하나님의 잔　165
목자 앞에서 우는 양　168

6장 여호와의 집을 바라는 양　　174
선한 목자　180
의심의 짐을 벗다　183
여호와의 집을 분양받은 양　196

PROLOGUE
들어가는 말

어느 날 주님이 제 마음속 깊이 조용히 물어오셨습니다.
"너 나를 믿니?"
"그럼요, 주님."
"그럼, 나는 네 목자니?"
"그럼요, 그렇고 말구요."
"너 정말 내 양이야?"
"그렇다니까요."
"그럼, 진짜 그런지 한번 볼까?"

이 책은 이렇게 해서 시작됐습니다. 고요한 중에 제 마음속에 들려왔던 이 질문들은 이 책을 쓰기 전, 쓰는 도중, 쓰고 난 후 지금까지 계속해서 들려오고 있습니다. '그런지 아닌지 좀 따져보자' 하시면서 말입니다.

저에게 다윗의 시편 23편은 목가적이면서도 낭만적인,

읽으면 읽을수록 위로와 감동이 더해지는 시였습니다. 오랫동안 그랬습니다. 그런데 어느 날 주님이 그렇게 하나하나 물어오셨을 때, 제 살점 하나하나를 떼어내듯 그렇게 저를 발라내기 시작했습니다.

목자와 양?

하나님 여호와께서 '그냥' 나의 목자시고, 나는 '그냥' 그의 양이라면 얼마나 좋겠습니까? 그런데 주님은 그것을 확인하겠다고 하셨습니다. 주님과 저의 시소 타기에서 나온 고백이 각 장의 제목입니다.

'목자를 여호와라 부르는 양'
'오늘의 목자를 만나는 양'
'목자를 주인공 되게 하는 양'

'24시간 목자를 만나고 있는 양
'목자의 잔을 받은 양
'여호와의 집을 바라는 양

이런 사람에게 여호와는 목자시고, 이런 사람이 여호와의 양이라고 하셨습니다.

시는 운율 속 여백으로도 말합니다. 우리 주님도 시인이셨을까요? '들을 귀 있는 자는 들으라'고 하셨으니까요. 다윗의 시를 읽을 때마다 '아, 이건 시가 아니라 탄식이구나!' 싶습니다. 때로는 환희입니다. 다윗의 영혼 저 밑바닥에서부터 치고 올라오는 영혼의 꿈틀거림이 여전히 살아서 우리에게 말하고 있습니다. '너 정말 여호와 하나님이 너의 하나님, 너의 목자신 거 맞니?' '너 정말 너를 여호와의 양이라고 말하는 거 맞니?'

수도 없는 물음 끝에 이렇게 고백했습니다. 그것이 각 장의 첫머리 글입니다.

'나에게 하나님의 말씀은 실제 상황인가, 단지 감동적인 느낌인가?'

'나는 하나님의 비서실장인가, 어린 양인가?'

'하나님은 나의 목자신가, 나의 행복도우미신가?'

'나는 하나님과 친밀한 사람인가, 난시 하나님을 필요로 하는 사람인가?'

'나는 내 잔이 넘치기를 구하는가, 내 잔을 넘치게 하시는 하나님을 구하는가?'

'나에게 여호와의 집은 분양받은 집인가, 그림의 떡인가?'

목자와 양!
정말인가요? 사실인가요?

이제는 스스로에게 정직하게, 사실대로, 은밀하게 물어야 할 시간입니다. 목자이신 여호와 앞에서 나는 누구인지 물어야 합니다. 그 물음 앞에서의 자기고백을 위해 이 책을 썼습니다. 여호와 앞에서의 나이어야 하기 때문입니다. 다른 이의 목자는 의미가 없습니다. 내가 그의 양이어야 합니다. 하나님께서는 당신의 양을 찾고 계시기 때문입니다. 이것이 하나님의 구인광고입니다.

하나님은 남의 양을 훔쳐다가 당신의 배를 채우는 목자가 아닙니다. 하나님은 당신의 양을 찾아 당신의 양 되게 하는 목자십니다. 그래서 우리는 하나님의 양이어야 합니다! 하나님께 발견되는 양이어야 합니다!

이 두 가지가 오늘날 우리가 이 땅에서 확인해야 할 마지막 과제입니다. 우리는 어떻게 하나님의 구인광고에 딱 맞는 사람이 될 수 있을까요? 신앙은 고민이자 환희입니다. 이 책을 통해 제가 드리고 싶은 것도 바로 이 두 가지입니다.

하나님의 말씀을 전할 때마다 잊을 수 없는 분들이 있습니다. 쉴만한교회 성도들입니다. 그들은 저로 하여금 주의 말씀을 마음껏 말할 수 있게 하는 분들입니다. 하나님의 말씀을 마음껏 설교할 수 있는 것은 선교지로서 누릴 수 있는 가장 큰 행복입니다. 그분들이 그 특권을 저에게 주셨습니다. 이 책을 읽는 모든 독자들과도 그 특권을 함께 나누고 싶습니다.

2013년 4월
양재천의 벚꽃을 바라보며

CHAPTER 1

목자를 여호와라 부르는 양

"나에게 하나님의 말씀은
실제 상황인가?
단지 감동적인 느낌인가?"

여호와는 나의 목자시니
내가 부족함이 없으리로다.
– 시편 23:1

시편 23편은 설교로 듣는 것보다 그저 시처럼 그 장면을 머릿속에 그리면서 묵상하는 것이 더 감동적이고 은혜로운 말씀입니다. 또한 이 말씀은 매우 유명하고 많이 암송되는 시이기 때문에 다시 더 설명하고 따지고 할 필요도 없습니다. 그저 읽고 묵상하기만 해도 충분합니다.

다만 여기서 우리가 꼭 짚고 가야 할 문제가 있습니다. 시편 23편이 단지 나에게 좋은 느낌과 감동만 주는 말씀인가, 아니면 실제 상황인가 하는 물음입니다. 시편 23편은 단지 우리에게 감동을 주기 위해 쓰인 시가 아니기 때문입니다. 이것은 하나님의 말씀입니다. 시편 23편의 말씀이 다윗에게 그랬듯이, 오늘 우리도 이 시를 통해 다윗이 경험했던 하나님을 경험하고 고백할 수 있어야 한다는 말입니다.

　우리의 목적은 다윗의 하나님을 빌려 오는 것이 아니라 오늘 나에게 찾아오신 하나님을 만나는 데 있습니다. 신앙은 좋은 느낌이 아니라 나에게 일어나는 '실제 상황'이 되어야 합니다.

여호와는

다윗은 이 멋진 시를 '여호와는'이라는 말로 시작합니다. 지금 우리에게 여호와라는 말은 많이 익숙해서 별다른 느낌 없이 쉽게 쓰는 단어입니다. 그러나 다윗 때만 하더라도 이 말은 그렇게 쉽게 사용할 수 있는 단어가 아니었습니다. 여호와는 신이신 하나님의 이름입니다.

　그러니까 굳이 여호와라는 이름을 사용하지 않고, 그냥 '하나님!'이라고만 해도 그 하나님이 어떤 신을 의미하는지 모두들 압니다. 가령 '대통령께서 오늘 이런 말씀을 하셨다'라고 하면 그 대통령이 누군지 물어 보지 않아도 모두들 아는 것과 마찬가지입니다.

과거 이스라엘 사람들에게 여호와라는 이름은 감히 인간의 입술로 더럽힐 수 없을 만큼 거룩한 이름이었습니다. 그래서 그들은 여호와라는 이름을 말해야 할 때는 여호와라는 이름 대신에 주님이라는 뜻을 가진 '아도나이'라는 단어를 썼습니다. 여호와라는 단어를 글로 써야 할 때에는 담당 서기관이 목욕을 하고 나서 썼고, 다 쓴 다음에는 사용한 펜을 다시 사용하지 못하도록 꺾어 버릴 정도로 조심스러워했습니다.

오늘날 우리가 부르고 있는 여호와라는 발음은, 19세기 중반에 독일 학자들이 '야웨'를 지칭하는 히브리어 네 글자(YHWH) 밑에 아도나이의 모음을 넣어서 여호와(Jehovah)라는 이름을 만들어 낸 것입니다. 원래 여호와라는 이름은 어떤 언어에도 존재하지 않았던 말입니다. 그만큼 여호와는 쉽게 부를 수 있는 이름이 아니었습니다.

여호와는 하나님의 이름입니다. 그러니 그 하나님의 이름을 부르기가 쉬운 일이 아니었다는 겁니다. 내 앞에 지금 대통령이 있는데 그 자리에서 '아무개 대통령님' 혹은 '아무개 대통령 각하'라고 부를 수는 없지 않습니까? 그냥 '대통령님' 혹은 '대통령 각하', 영어로는 '미스터 프레지던트'(Mr. President)라고 부릅니다. 이렇게 한 나라의 대통령 앞에서도 차마 대통령의 이름을 부르지 못하는데, 하나님을 향하여 '여호와'라고 그 이름을 부르는 것은 사실 엄청난 사건이었습니다.

그런데 하나님의 이름을 마음놓고 부를 수 있는 예외 조건이 딱 하나 있습니다. 한마디로 하나님과 엄청 친하면 됩니다. 웬만큼 친한 정도 가지고는 안 됩니다. 가령 예쁜 손자라고 해서 다 할아버지의 상투를 잡을 수 있는 것은 아닙니다. 잡고 싶다고 함부로 잡았다가는 다리몽둥이가 부러질 수도 있습니다. 적어도 손자가 할아버지의 상투를 잡아도 혼나지 않을 정도로 할아버지한테 특별해야 합니다.

지금 다윗이 '여호와는'이라는 말로 시편 23편을 시작하는 것도 그만큼 하나님과 친밀함을 전제로 하고 있습니다. 그냥 부르기 좋아서, 부르고 싶어서 그러는 것이 아닙니다. 감히 부를 수도 없는 이름이지만, 부르고 싶다고 함부로 불렀다가는 날벼락이 떨어질 수도 있는 이름입니다. 그런데 다윗은 지금 물 흐르듯 자연스럽게 하나님의 이름을 부르고

있습니다. '여호와는 나의 목자시니….'

시편 23편의 감동은 바로 여기에 있습니다. 어려운 하나님을, 멀기만 한 하나님을 아버지 부르듯이, 마치 자기 옆에 서 계신 아버지를 다른 사람에게 소개하듯 자연스럽고 자랑스럽게 부르고 있습니다. 어떤 면에서 시편 23편은 끝까지 다 읽을 필요도 없습니다. '여호와는 나의 목자시니', 이 한 줄만 읽고 머릿속에 그려 봐도 나머지 여섯 절의 감동을 모두 느낄 수 있습니다.

남들은 마음껏 부르지 못하는 그 이름 여호와를, 다윗은 지금 '여호와는' 이렇게 부르고 있습니다. 여기에는 어떤 긴장도, 어떤 두려움도, 어떤 염려도 없습니다. 벌벌 떨면서 부르지도 않습니다. 조심조심 부르지도 않습니다. 슬쩍 시험삼아 부르고 빠지는 것도 아닙니다. 입에서 그냥 흘러 나옵니다. '여호와는 나의 목자시니.' 우리는 이런 다윗을 부러워합니다. 이런 다윗에게 감동합니다. '다윗은 얼마나 좋았을까….'

다윗과 하나님 사이에는 친밀한 관계가 있었습니다! 그냥 사이좋은 정도가 아닙니다. 그냥 봐주고 간구하고 도와

주고 하는 정도가 아닙니다. 사이좋은 아들과 아버지 같이 돈독한 관계입니다.

아들이 아버지에 대해서 전혀 거리끼지 않는 관계입니다. 아버지는 아들의 모든 것을 받아주는 관계입니다. 둘이 서로 통하는 관계입니다. 눈빛만 봐도 아버지가 뭘 원하시는지, 표정만 봐도 아들이 무엇을 달라고 하는지 그냥 아는 관계입니다. 둘 사이에는 말이 필요 없습니다. 둘 사이에는 어떤 거래도 필요 없습니다. 둘 사이에는 어떤 약속도 필요 없습니다. 둘 사이에는 어떤 기대도 필요 없습니다. 그저 아들은 아들일 뿐이고, 아버지는 아버지일 뿐입니다! 그것이 '여호와는'에 담긴 의미입니다.

그렇다면 지금까지 당신은 하나님과 어떤 관계였습니까? 하나님과 당신의 관계는 어느 수준까지 가 있습니까? 당신은 여호와라는 말을 얼마나 많이, 얼마나 자주, 얼마나 쉽게 사용하고 있습니까? 당신이 느끼고 있는 하나님과의 친밀함이 다윗이 말한 정도에 이르고 있습니까? 이렇게 말하면, '아, 그거야 다윗은 특별한 사람 아닙니까?'라며 따질 사람이 있을지도 모르겠습니다.

그러나 하나님은 다윗만의 하나님이 아닙니다! 또한 다윗만이 하나님의 특별한 사람도 아닙니다. 하나님의 사랑은 다윗 한 사람에게만 쏠릴 수 있을 만큼 그렇게 적은 양이 아닙니다. 오히려 하나님은 시편 23편의 다윗을 통해서 우리 모두에게도 그런 하나님이 되기를 원한다고 말씀하고 계십니다.

여호와는 신이신 하나님이지만, 그저 하나님의 자리에서 하나님 노릇하기만을 즐겨하는 분이 아니십니다. 오히려 하나님은 하나님의 자리를 버리고 오늘 이 인간의 땅에, 인간의 모습으로 우리 가운데, 우리를 위해 오셨습니다. 그러면서 "내 살을 먹고 내 피를 마시는 자는 내 안에 거하고 나도 그 안에 거하[겠다]"(요 6:56)고 말씀하십니다. 그분이 인간으로 오신 하나님, 예수 그리스도십니다.

하나님께서 얼마나 우리와 친밀하고 싶었으면 우리에게로 오셨겠습니까? 우리와 얼마나 하나가 되고 싶었으면 당신의 살과 피를 우리에게 먹이겠다고 하시며 당신 안에 거하라고, 그리고 당신도 우리 안에 거하겠노라고 하셨겠습니까?

하나님께서 우리와 친밀해지고 싶어 하는 정도는 사실

우리의 상상을 뛰어넘습니다. 이분이 바로 다윗이 경험한 하나님 여호와였습니다. 그 여호와는 멀리 계신 감시자 여호와가 아니었습니다. 그 여호와는 채찍을 들고 심판의 두 눈을 부릅뜬 두려움의 여호와가 아니었습니다.

지금 다윗이 바라보고 있는 하나님은 우리와 함께 호흡하고 싶어 하시는 그런 하나님입니다. 지금 다윗이 노래하고 있는 하나님은 시골 고향에 찾아가면 언제든 반겨줄 그런 넉넉한 아버지 어머니 같은 하나님입니다. 지금 다윗의 노래를 듣고 있는 하나님은 다윗의 재롱에 재밌어 하면서 박수를 치고 좋아하시는 그런 하나님입니다.

그 하나님이 다윗에게는 그냥 '여호와' 입니다. 하나님의 면전에서 그 이름을 막 부르는데도 전혀 거리낌없이 반겨주시는 하나님 여호와입니다.

다윗은 하나님께서 자신과 친해지는 것을 좋아하신다는 사실을 알았습니다. 하나님과 친해지기만 한다면, 자신을 둘러싼 모든 문제들을 알아서 해결해 주실 것도 알았습니다. 다윗은 그런 하나님이 아주 좋았습니다. 다윗에게 하나님은 가까이하면 할수록 더 좋은, 그래서 더 가까이 가고 싶어지는 하나님이었습니다. 그럴수록 하나님 역시 그런 다윗을 좋아하셨습니다. 그래서 다윗은 이제 하나님을 마음 푹 놓고 부르기로 한 겁니다. 그 결과가 '여호와는' 입니다.

그렇다면 당신과 하나님은 어떻습니까? 당신은 하나님과 친밀한 사람입니까, 아니면 하나님께 거저 받기만 하는 사람입니까? 당신은 하나님을 즐거워하는 사람입니까, 아니면 하나님께 달라고만 하는 사람입니까?

소요리 문답의 첫 번째 질문과 답이 바로 이 얘기를 하고 있습니다. '사람의 제일 되는 목적이 무엇인가?' '하나님을 영화롭게 하고, 영원토록 그를 즐거워하는 것이다!' 이것이 우리 기독교의 첫 번째 인생관입니다.

그런데 우리가 이렇게 살고 있지 않다면 혹은 이렇게 살고 있지 못하다면, 사실은 사람의 제일 되는 목적조차 제대로 해내지 못하고 있다는 증거입니다. 더 정확하게 말한다면 사람답게 살고 있지 못하다는 말입니다. 우리 삶의 초점이 나에게 있지 않고 하나님에게 있다는 것이 성경 66권의 가르침입니다. 우리는 지금 그 가르침 가운데 하나인 시편 23편 1절 '여호와는' 앞에 와 있습니다. 그 여호와가 다윗에게는 목자였습니다!

나의 목자시니

'여호와는 나의 목자시니' 라는 구절 뒤에는 다음 말이 생략되어 있습니다. 굳이 붙이자면 '나는 그의 양이다' 입니다. 목자와 양은 서로 한 짝입니다. 목자를 이야기할 때는 반드시 양이 나와야 하고, 양을 이야기할 때도 그 앞에 반드시 목자가 있어야 합니다. 양이 없는 목자도 있을 수 없고, 목자 없는 양은 생각해 볼 수도 없습니다. 왜냐하면 양은 스스로를 돌볼 줄 모르는 동물이기 때문입니다.

양은 아주 더러운 동물입니다. 고양이는 스스로 씻을 줄 압니다. 새는 쟁반에 담긴 물로도 자기 몸을 씻는다고 합니다. 곰은 강에서 목욕도 합니다. 그러나 양은 아무리 더러워도 씻을 줄 모릅니다.

양은 가장 우둔하고 멍청한 동물입니다. 양은 자기방어 능력도 없습니다. 송곳니도 없고, 날카로운 발톱도 없어서 남을 물거나 공격하지 못합니다. 빨리 도망도 못 갑니다. 그래서 양을 마스코트로 내세우는 스포츠 팀은 없습니다. 양은 경기하기도 전에 이미 진 동물입니다. 양은 어느 누구도 이길 수 없는 동물입니다.

그래서 양에게는 반드시 목자가 필요합니다. 다른 동물들은 목자가 없어도 자기가 알아서 먹고삽니다. 그러나 양은 목자가 돌보지 않으면 이미 죽은 목숨입니다.

다시 말해서 양은 자기의 답이 없는 존재입니다. 목자는 이런 양에게 자기가 유일한 답이라고 생각해서 목숨을 걸고 양을 돌보고 지킵니다. 이 양이 다윗 자신이었고, 그런 다윗에게 여호와 하나님은 목자였습니다. '여호와는 나의 목자시니' 라는 고백은, 다시 말해서 인생의 답이 없던 그에게 하나님이 인생의 유일한 답이었다는 고백입니다.

때로 이것을 다윗은 "하나님은 우리의 피난처시요 힘이시니 환난 중에 만날 큰 도움이시라"(시 46:1)고 고백합니다. 하나님께서 자기의 피난처가 되어 주지 않으시고, 자기의 몸을 피할 바위가 되어 주지 않으셨다면 자기는 이미 죽은 목숨이었다는 고백입니다.

자기 인생의 답을 가지고 있지 않았던 다윗…. 그래서 다윗은 하나님을 바라봤습니다. 그리고 그 하나님을 향하여 '여호와는 나의 목자' 라고 고백했습니다!

하나님만이 내 인생의 답이십니다! 내 인생의 답

은 오직 여호와 하나님 당신께만 있습니다! 하나님이 나를 위해 손쓰지 않으신다면, 나는 이미 죽은 목숨입니다! 내 모든 것은 하나님 여호와 당신께 달려 있습니다! 다행히 당신은 나의 목자이십니다! 그래서 지금 여기에 내가 있습니다!

'여호와는 나의 목자' 라는 한 마디는 다윗의 인생과 신앙 모두를 통틀어서 요약한 최종적인 신앙고백입니다. 다윗은 자기에게 답이 없었기에 하나님을 바라봤습니다. 자기는 어쩔 수 없는 한 마리 양과 같은 존재였기 때문입니다.

입대해서 훈련받고 있던 큰아들로부터 전화가 왔습니다. '이왕 카투사에 온 거 영어라도 잘하려면 탱크부대에 지원해서 미군병사들과 같이 훈련하는 게 낫다는데, 전투병과에 지원할까요?' 전화의 내용은 대충 이랬습니다. 그래서 저는 이렇게 대답해 줬습니다. "네가 선택하지 마라. 너를 카투사에 보내신 것도 하나님인데, 이왕 하나님께서 하신 거 나머지도 모두 선택하시도록 해라. 네가 좋겠다고 생각한 어떤 것을 답으로 선택해 버리면, 하나님의 답을 얻을 수 없다."

나한테 답이 없어야 하나님의 답이 오는 겁니다.

출애굽 광야의 만나 기억나시죠? 하나님께서 그날그날 먹을 만큼만 만나를 주시고는 내일을 위해 만나를 남겨 두지 말라고 하셨습니다. 그래야 사람들이 내일의 만나를 기다리기 때문입니다. 그릇에 내일 먹을 만나가 가득 있으면 매일 아침 늦잠 자고 텐트 밖에 나가보지도 않을 것입니다. 하나님의 내일이 꼭 있어야 하는 것이 아니기 때문입니다. 그릇에 내일 아침의 만나가 없어야 하늘을 보게 되어 있습니다. 그래야 하나님의 답을 기다리게 됩니다. 그것이 광야에서의 '하나님 바라보기' 40년 훈련이었습니다.

또 하나 기억할 말씀이 있습니다. 출애굽기 16장 35절에 나오는 "… 사람 사는 땅에 이르기까지 이스라엘 자손이 40년 동안 만나를 먹(었다)"는 말씀입니다. 40년 동안 이들에게는 하나님밖에는 대안이 없었습니다.

광야생활 40년은 사는 게 사는 게 아니었습니다. 그 광야는 '사람 사는 땅'이 아니었습니다. 하루라도 하나님께서 만나를 내리지 않으시면 그날로 200만 명은 죽는 겁니다. 그들은 그런 곳에서 40년을 살았습니다. 그들은 하나님밖에 바라볼 데가 없었습니다! 하나님이 나의 목자가 되어 주지 않으시면 그 자리에서 꼼짝 못하고 죽어야 하는 가련한 한 마리 양에 불과했습니다.

다행히도 하나님은 불쌍한 200만 양떼들의 목자가 되어 주셨습니다. 목자이신 하나님께서 구름기둥으로, 불기둥으로 그들 앞에 서셨습니다. 가다가는 반석에서 물도 주셨습니다. 아침에는 만나를 먹이셨습니다. 저녁에는 메추라기 고기로 배불리 먹이셨습니다. 밤에는 불기둥으로 추운 사막 광야의 밤을 따뜻하게 보내게 하셨습니다. 한낮에는 커다란 구름기둥으로 넓은 그늘을 만들어 뜨겁지 않은 여행이 되도록 하셨습니다.

200만 양떼들은 그 안에서 구름이 가는 대로, 불기둥이 가는 대로 그냥 따라가고 멈추기만 하면 됐습니다. 주면 먹고, 재우면 자면 됐습니다. 그래서 힘든 40년 광야생활도 그럭저럭 해낼 수 있었습니다. 그곳에서 결혼도 하고, 애기도 낳으면서 사람 사는 흉내는 다 냈습니다. 하나님께서 그들의 목자가 되어 주셨기에 가능했던 일입니다.

모세는 40년 광야생활을 최종적으로 종합 평가하면서 크게 깨달은 것이 하나 있었습니다. "이 사십 년 동안에 네 의

복이 해어지지 아니하였고 네 발이 부릍지 아니하였느니라" (신 8:4). 그동안에는 정신 없이 걷고 사느라고 그런 줄도 몰랐습니다. 그런데 40년을 다 걷고 나서 보니 '어? 괜찮았네!' 라고 고백하게 된 것입니다.

　이건 신비입니다. 어떻게 이런 일이 일어날 수 있을까요? 하나님이 하지 않으시면 일어날 수 없는 일입니다. 이스라엘 백성들은 자신들의 멀쩡한 옷과 부르트지 않은 발을 보면서 하나님께서 40년 동안 자신들의 목자가 되어 주셨음을 확인할 수 있었습니다.

　그저 40년이 고생길이었고, 아무 것도 얻지 못했고, 한 거라고는 고생밖에는 없다고 생각했는데 지나고 돌아보니 결혼도 했고, 자식도 낳았고, 먹을 양식도 있었고, 물도 마셨고, 옷도 멀쩡했고, 발도 부르트지 않았던 것입니다. 게다가 세월이 좀 걸리기는 했지만 결국에는 꿈에도 그리던 가나안 땅에도 들어가게 됐습니다. 그러면서 결국에는 서로들 이렇게 말했을 것입니다. "야, 우리가 오기는 왔네!" 이스라엘 백성들의 한 마디, '어찌됐든 결국 가나안 땅에 오기는 왔다' 라는 말을 다윗은 시편 23편에서 '내가 부족함이 없으리로다' 로 표현하고 있습니다.

내가 부족함이 없으리로다

성경 번역 가운데 제가 개인적으로 제일 못마땅하게 여기는 부분 중 하나가 바로 여깁니다. 개역개정판을 보면 '내가'를 '내게'로 번역합니다. '여호와는 나의 목자시니 내게 부족함이 없으리로다.' 그런데 '내게'라는 말을 쓰면 성경의 초점이 완전히 흐려집니다. 영어 성경을 보면 절대로 이렇게 번역될 수 없습니다.

The Lord is my shepherd, I shall not be in want.
The Lord is my shepherd, I will never be in need.

위의 문장은 '여호와께서 나의 목자시기 때문에 앞으로 나는 어떤 원하는 것(필요)에도 있지 않을 겁니다. 더 이상의 것은 필요 없습니다. 하나님이 나의 목자라는 사실 하나만으로도 나에게는 충분합니다!'라는 의미입니다. 이렇게 번역해야 '여호와가 나의 목자'라는 사실이 강조되면서, '단지 그 결과로 나는 부족함이 없게 됐다'는 뒤의 의미가 살아날 수 있습니다.

그런데 이걸 주어 '내가' (I)가 아니라 목적격 '내게' (to me) 부족함이 없다고 번역하면 이런 뉘앙스를 갖게 됩니다. '그동안 여호와가 나한테 좋은 목자인지 아닌지 써 봤더니 그런대로 괜찮았어. 여호와는 나한테 부족하지 않은 괜찮은 하나님이었어. 그래서 앞으로도 자주 애용하려고 해.'

이런 당치 않은 말이 어디 있습니까? 저는 이런 번역을 '조엘 오스틴 번역'이라고 부릅니다. 『긍정의 힘』의 저자 조엘 오스틴은 베스트셀러 작가이면서 미국에서 가장 큰 영향력을 끼치고 있는 목사 가운데 한 사람입니다. 이 책에서 오스틴은 '내가 얼마나 긍정적인 사고를 하느냐'가 복음의 핵심이라고 말합니다.

그런데 이런 개념을 가지고 있으면 나중에 신앙의 주인은 하나님이 아니라 자기 자신이 되고 맙니다. 그럼에도 불구하고 사람들은 오스틴의 이 말에 환호하고 있습니다. 그러면서 인간이 주인 되고, 하나님은 내가 긍정적으로 생각한 것을 채워 줘야 하는 보조자로 전락시키고 있습니다. 사람들은 하나님이 하나님 되는 것보다는 자기가 하나님처럼 되는 것을 더 좋아합니다. 이것이 바로 하나님께서 가장 싫어하고 질투하시는 우상숭배의 핵심입니다.

인간의 우상숭배 범죄는 이렇게 시작됩니다. 우상숭배라는 것이 다른 게 아닙니다. 하나님보다 자기를 우선시하면 그게 자기우상입니다.

다시 다윗을 보십시오. 다윗은 지금 너무나도 분명하게 자기의 신앙을 이렇게 고백하고 있습니다.

오늘 나의 어떠함의 결과는 전적으로 하나님 여호와에게 달려 있다! 그분은 바로 나의 목자시다! 따라서 양인 나는 이제 됐다! 더 이상 나에게 필요한 것은 없다! 목자가 알아서 다 해주실 것이기 때문이다!

다윗의 이 놀라운 신앙고백이 '내가 부족함이 없으리로다'라는 한마디에 다 들어 있습니다. 다윗은 '내가 부족함이 없다'고 했지 '나는 모든 것을 가졌기 때문에 더 이상 부족한 것이 없는 사람이다'라고 말하지 않았습니다. 다윗은 지금 자기의 소유를 말하고 있는 것이 아니라 자기가 얻은 가치를 말하고 있습니다. '나는 지금 너무나도 큰 가치를 얻었기 때문에 이 외에 다른 것은 아주 작은 가치에 불과하다. 그래서 그 어떤 것도 더 이상 나를 흔들 수 없다'는 의미입니다. 다윗이 얻은 가장 큰 가치가 바로 '여호와는 나의 목자시니'입니다.

다윗은 과거 골리앗 앞에 섰을 때도 이렇듯 넓고 큰 시야를 가지고 있었습니다. 거인 골리앗 앞에 섰을 때 어린 다윗은 골리앗 뒤에 계신 크신 하나님을 믿음의 눈으로 봤습니다. 다윗에게는 골리앗의 덩치보다는 하나님이 훨씬 더 크게 보였습니다. 그 하나님의 눈으로 골리앗을 내려다보니까 골리앗이 한낱 한 마리 개처럼 보였습니다(삼상 17:41~47 참조). 이런 믿음의 눈이 시편 23편에 그대로 살아있습니다. 그것이 '내가 부족함이 없으리로다'에 담긴 의미입니다.

우리의 신앙에서 중요한 초점은 소유가 아니라 가치입니다. 출애굽기에 나오는 르비딤을 아십니까? 이스라엘 백성들이 마라와 엘림을 떠나 신 광야에 도착했습니다. 거기서 만나와 메추라기를 받아 먹었습니다. 그런 다음에 길을 나섰던 곳이 르비딤입니다.

그런데 르비딤에 도착하고 보니 물이 없었습니다. 문제

는 르비딤으로 방향을 잡은 분이 하나님이었다는 사실입니다. "이스라엘 자손의 온 회중이 여호와의 명령대로 신 광야에서 떠나 그 노정대로 행하여 르비딤에 장막을 쳤으나 백성이 마실 물이 없는지라"(출 17:1). 여호와의 명령으로 행군이 시작되었고, 하나님께서 인도하신 코스대로 순종해서 길을 잡았는데 그 결과 물이 없었다는 것입니다!

결국 이스라엘 백성들은 물을 달라고 모세에게 대들었습니다. 그들에게 중요했던 것은 '물' 이었기 때문입니다. 물론 물은 중요했습니다. 광야의 백성들에게 물이란 생명과 직결되는 것이었습니다. 그렇지만 그들이 놓쳤던 것이 있습니다. 바로 '거기에 계셨던 하나님' 입니다. 그 하나님은 이제껏 르비딤까지 그들을 인도하셨던 하나님입니다. 그들도 순종하며 걸어왔습니다. 이곳에 물은 없었어도 하나님은 계셨습니다! 그들은 그 하나님을 붙잡아야 했습니다!

그러나 그들은 하나님보다 물을 더 원했습니다. 그들에게 하나님이란 단지 물을 주면 그걸로 족한 분이었을 뿐입니다. 그들이 절실하게 필요했던 것은 물이라는 물질, 즉 소유였지 하나님이라는 가치가 아니었습니다. 그들에게 진정한 하나님은 물이었고, 하나님은 그 물을 제공해 주는 도구에 불과했습니다.

  신앙생활을 하는 데 있어서 이 부분을 이해하지 못하거나 받아들이지 못하면, 우리는 성경 전체를 비롯하여 시편 23편의 이 아름다운 노래를 절대로 이해할 수 없습니다. 듣기 좋고 부르기 좋을 수는 있어도 그것은 결코 자기노래, 자기고백, 자기소망이 될 수 없습니다.

  시편 23편이 아무리 아름답고 따라하고 싶은 신앙의 노래여도 내 것이 될 수 없고, 돌아서면 먼 나라 이야기 같은 느낌이 드는 이유가 바로 여기에 있습니다. 하나님의 존재하심을 '나를 위한 소유'로 받아들이고 있는지, 아니면 '내 인생의 가치'로 이해하고 있는지, 이것이 우리 신앙의 분기점입니다.

  요한복음의 말씀으로 이 부분을 다시 복습해 보겠습니다. 예수님께서 요한복음 15장 7절에서 "너희가 내 안에 거하고 내 말이 너희 안에 거하면 무엇이든지 원하는 대로 구하라 그리하면 이루리라"고 말씀하셨습니다. 이 말씀 가운데 사람들이 제일 좋아하는 부분은 마지막 구절 '그리하면 이루리라' 입니다. 그 다음으로는 '원하는 대로 구하라' 입니다. 그 다음으로는 '무엇이든지' 입니다. 그런데 맨 앞에 있는 '너희가 내 안에 거하고 내 말이 너희 안에 거하면' 이라는 말씀을 보고는 '나 정도면 주님 안에 거하고 있는 것 아닌가?' 라고 생각합니다.

예수님의 말씀대로 예수님이 내 안에 100퍼센트 완전히 거하시고, 나도 주님 안에 100퍼센트 완전히 거하고 있어서 다른 어떤 것도 예수님과 나 사이에 들어올 틈이 없게 됐다고 가정해 봅시다. 그런 상태에서 예수님께서 '네가 원하는 대로 구해 봐라' 라고 말씀하신다면, 우리는 무엇을 구하게 될까요? 아마 '주님!' 이라는 한마디만 하게 될 것입니다.

예수님이 내 안에 완전히 거하시고, 나도 예수님 안에 완전히 거하고 있는데 더 이상 뭐가 필요하겠습니까? '주님!' 이 한 마디 외에 더 이상 할 말이 없습니다. 나머지는 주님이 알아서 하실 것이니까요. 이것이 "너희는 먼저 그의 나라와 그의 의를 구하라 그리하면 이 모든 것을 너희에게 더하시리라"(마 6:33)는 예수님의 황금률입니다. 이것이 다윗이 고백한 바 '내가 부족함이 없으리로다' 에 담긴 뜻입니다.

때로 기도만 많이 하는 것이 오히려 내 안에 예수님이 그만큼 거하고 계시지 않다는 증거일 수 있습니다. 기도할 거리가 많다는 것은 그만큼 내가 예수님 안에 거하고 있지 않다는 증거가 될 수 있습니다. 그래서 예수님과 나 사이에 비어 있는 공간만큼 내 기도제목, 내 기도시간으로 채우려고 하는 것입니다.

오늘 다윗에 의하면, 하나님이 내 안에 가득 차 있으면 양들처럼 사실은 기도할 게 없습니다. 왜냐하면 목자가 알아서 다 할 것이니까요! 내가 하나님 안에 있으면 양들이 목자 앞에서 발 뻗고 자는 것처럼 나는 '하나님이 알아서 하시겠지' 하는 마음으로 푹 잘 수 있습니다. 그것이 '내가 부족함이 없으리로다'에 담긴 뜻입니다. 잘 새겨들으시기 바랍니다. 그렇다고 기도를 많이 하지 말라는 말이 결코 아닙니다.

사람들은 누구나 부족함이 없기를 소원합니다. 그러나 하나님은 당신이 나의 목자임을 내가 제대로 인식하기를 기대하십니다. 그러면서 양인 나에게는 답이 없기 때문에 내 인생의 답은 전적으로 목자인 하나님께 달려 있다고 믿고 고백하기를 원하십니다.

그 하나님 앞에서 무얼 주저하십니까? 하나님은 우리에게서 멀리 떨어져 있는, 엄숙하고 심각한 하나님으로 여겨

지기를 원하는 분이 아니십니다. 하나님은 우리가 면전에서 그 얼굴을 똑바로 쳐다보면서 '여호와여!' 라고 당신의 이름까지 부르기를 기대하는 하나님이십니다.

하나님은 우리가 당신을 향하여 '여호와여!' 라고 마구 이름을 불러도 얼굴을 붉히거나 기분 나빠하지 않고, 도리어 기뻐하시며 어린 양 같은 우리의 어리숙한 모습을 귀엽게 여기는 분이십니다. 우리는 목자 되신 하나님 여호와의 어린 양이기 때문입니다. 하나님을 향하여 '여호와여!' 라고 마음껏 부를 수 있는 사람은 복된 사람입니다. 그는 여호와 하나님의 양이기 때문입니다. 하나님께서도 그에게 기꺼이 목자가 되어 주실 것입니다. 그렇게만 된다면 우리는 부족한 것이 없는 사람입니다.

그런데 우리가 정말 그렇습니까? 정말 하나님 때문에 부족함이 없다고 소리칠 수 있습니까? 가지지 못한 것 때문에 낙심하지 않고, 하나님 여호와 때문에 자랑하고 다닐 수 있습니까? 시편 23편 다윗의 노래는 당신에게 단지 좋은 느낌을 주는 말씀입니까, 아니면 실제 상황입니까?

다윗과 하나님은
아들과 아버지 사이와 같은
친밀함이 있었습니다.
눈빛만 봐도 아버지가 뭘 원하시는지,
표정만 봐도 아들이 무엇을 달라고
하는지 그냥 알 정도였습니다.

SHARING & CHECK
말씀 나눔과 점검

1. 시편 23편은 지금까지 당신에게 어떤 느낌으로 다가오는 말씀이었습니까?

2. '신앙은 좋은 느낌이 아니라 자신에게서 일어나는 실제 상황이 되어야 한다'는 말을 어떻게 이해하십니까?

3. 당신은 하나님과 친밀한 관계를 맺으며 하나님 그분 자체를 즐거워하는 사람입니까? 아니면 하나님께 무언가 구하기만 하면서 거저 받으려고만 하는 사람입니까?

4. '물은 없었지만 르비딤에 계셨던 하나님'이라는 말씀이 당신에게 준 의미는 무엇입니까?

5. '하나님의 존재하심을 나를 위한 소유로 받아들이고 있는가, 아니면 내 인생의 가치로 이해하고 있는가는 자기 신앙의 분기점'이라는 말이 어떻게 와닿습니까?

6. 여호와 하나님은 당신에게 목자로서 충분한 분입니까?

CHAPTER 2

오늘의 목자를
만나는 양

"나는 하나님의 비서실장인가,
어린 양인가?"

그가 나를 푸른 초장에
누이시며 쉴 만한 물가으로
인도하시는도다.
– 시편 23:2

시편 23편 2절은 전체가 150편으로 엮인 시편뿐만 아니라 성경 66권을 통틀어서도 우리 마음을 설레게 하는 가장 아름다운 노랫말이 아닌가 싶습니다.

> 그가 나를 푸른 초장에 누이시며 쉴 만한 물가으로 인도하시는도다!

목자이신 하나님께서 한 마리 양인 나를 넓고 푸른 풀밭에 편히 눕게 하시고 물이 넉넉하고 시원한 물가에 앉히시고는 거기에 발을 담고 쉬게 하신다는, 이 상황을 머릿속에 그려만 봐도 얼마나 시원하고 행복한지 모릅니다.

물론 2절뿐만 아니라 시편 23편의 나머지 6절까지의 구절들도 아름답고 감동적이며 한 폭의 그림 같은 말씀임에 틀림없습니다. 시편 23편을 읽고 묵상하는 사람들은 2절부터 6절까지의 내용이 자신에게도 실제 그대로 이루어지기를 바랍니다. 그래서 힘들 때, 위기에 부닥쳤을 때, 앞이 보이지 않고 막막할 때마다 시편 23편을 읽고 묵상하면서 머릿속에 그 그림을 떠올려 보곤 합니다.

그런데 2절부터 6절까지의 내용은 단지 1절로 인한 결과일 뿐입니다. 즉 '여호와는 나의 목자시니 내가 부족함이 없다!'는 1절의 고백이 사실 그대로만 풀리게 된다면, 2절 이후의 내용은 자연스럽게 따라오는 보너스라고 보면 됩니다. 푸른 풀밭에 나를 눕히시는 하나님을 내가 따로 만나야 한다거나, 나를 쉴 만한 물가로 인도해 달라고 따로 간구할 필요가 없습니다. 1절만 해결되면 나머지 2절 이후는 보너스로 받는 축복입니다.

목자 vs 양

목자가 양을 푸른 초장에 눕혔습니다. 이 말은, 그전에 양이 이미 배불리 먹었다는 뜻입니다. 그런데 목자가 양을 배불리 먹도록 좋은 풀밭으로 데려갔으면 됐지, 다 먹은 다음에 눕히는 것까지 해줘야 합니까? 그렇습니다. 양은 스스로 쉬지도 못한다고 합니다. 개는 낮잠을 얼마나 잘 잡니까? 심지어 곰은 겨우내 잡니다. 나무늘보는 하루에 스무 시간이나 잡니다. 대부분의 동물은 스스로 쉬는 법을 압니다. 양만 빼고 말입니다.

양은 스스로 잘 줄도 모릅니다. 양이 잠들려면 모든 환경이 완벽해야 합니다. 일단 주변에 공격할 적이 없어야 합니다. 다른 양들과 부대끼지도 않아야 합니다. 곤충들도 없어야 합니다. 배가 고파도 안 됩니다. 문제는 양들에게는 그런 안전한 초장과 조건을 스스로 갖출 능력이 없다는 것입니다. 곤충을 쫓아낼 줄도 모릅니다. 다른 양들과 사이좋게 지내는 법도 모릅니다. 심지어 먹이를 구할 줄도 모릅니다.

그래서 양은 반드시 누군가의 도움이 필요합니다. 그 누군가가 목자입니다. 목자 없이 양은 쉴 수 없습니다.

오늘 우리도 마찬가지 아닙니까? 진정한 목자가 없다면 우리는 제대로 쉴 수 없습니다! 이 말을 뒤집어서 생각하면, 여호와가 나의 목자라면 그래서 내가 하나님의 양이라면 나는 제대로 잘 '쉴 줄' 알아야 한다는 말이 되기도 합니다. 그래야 앞뒤가 맞습니다. 이게 맞지 않으면 다윗의 아름다운 시편 23편은 하나님의 말씀이 아니라 그냥 감동적인 노래일 뿐입니다.

다윗이 아름다운 시편 23편을 노래하면서 여호와를 '나의 목자'라고 불러서 저는 얼마나 다행스러운지 모릅니다. 사실 하나님은 왕 중의 왕이십니다. 하나님은 창조주이십니다. 하나님은 심판주이십니다. 그런데 다윗은 그 하나님을 가리켜서 그저 나의 '목자'라고만 노래하고 있습니다. 자기는 그저 '양'이라고 말합니다.

만약 다윗이 '하나님은 나의 왕이시니'라고 했다면 큰일입니다. 그러면 시편 23편은 한 편의 아름다운 시가 아니라 딱딱한 공무원 업무지침서가 되고 말았을 것입니다. 나는 양 대신에 하나님의 '비서실장'이 되어야 했을 것입니다.

내가 하나님의 비서실장이라면, 왕이신 하나님께서 나를

푸른 초장에 누이시기 전에 내가 미리 푸른 초장을 답사하러 가야 합니다. 어느 쪽에 좋은 풀이 많은지 미리 가서 자리도 잡아 놔야 하고, 벌레들을 없애는 소독도 해 놔야 하고, 잔디도 예쁘게 잘 깎아 놔야 하고, 햇볕 가리기 천막도 쳐 놔야 합니다.

쉴 만한 물가도 미리 잘 답사해 둬야 합니다. 돌 밑에 깨진 병조각이라도 없는지 샅샅이 뒤져야 하고, 바위에 낀 이끼도 깨끗이 청소해야 하고, 그늘지고 평평한 바위에 돗자리도 깔아 놔야 하고, 이것저것 간식거리도 준비해 놔야 합니다. 그리고 주방장에게 그날 저녁 만찬도 준비시켜야 하고, 손님들이 다 오셨는지 체크도 해야 합니다.

비서실장인 나의 휴대 전화는 끊임없이 울려댈 것입니다. 비서실장이 이런 일들을 안 했다가는 그날로 잘리는 겁니다. 나는 왕이 와서 쉬면 편히 잘 쉬시는지 곁에서 잘 살펴보다가 왕이 잠들면 그때서야 비로소 풀밭에 한번 누워 보고, 물속에 발이라도 한번 슬쩍 담궈 볼 수 있습니다. 그러면서도 계속 왕 쪽을 살펴야 합니다. 왕이 언제 깰지 모르니 말입니다. 이렇게 되면 어디 이게 쉬는 것입니까? 노동입니다.

그래서 저는 다윗이 정말 고맙습니다. 하나님을 목자라고 한 게 말입니다. 목자는 양에 대해 모든 책임을 지는 책임자이기 때문입니다. 반대로 양에게는 아무런 책임이 없습니다! 목자의 말만 잘 들으면 됩니다!

목자는 양을 위해서 길을 선택하고, 좋은 초장으로 인도해야 합니다. 이것은 목자의 몫입니다. 양이 해야 하는 일이라고는 그저 목자만 뚫어져라 쳐다보는 것뿐입니다. 그리고 가라는 데로 그냥 따라가면 됩니다. 신경 쓸 것도 없고, 생각할 것도 없습니다. 어깨 힘을 쭉 빼고 가면 됩니다. 가다 세우면 거기에 그냥 서면 됩니다. 막대기로 툭툭 건들면서 자리에 앉히면 거기에 그냥 앉으면 됩니다. 졸리면 그냥 자면 됩니다. 이런 것이 영락없이 진짜 양의 모습입니다.

그런데 우리는 이런 양이 못 됩니다! '여호와는 나의 목자요 나는 주의 어린 양'이라고 말하면서도 실제로는 하나님 앞에서 양이 되지 못합니다. 아니 그렇게 안 합니다. 하나님께 제대로 된 양이 아닙니다. 양이면서도 양 노릇 못하고, 안 하고 사는 게 오늘 우리의 모습이 아닌지요.

일 vs 쉼

오늘날 현대인들의 꿈은 무엇일까요? 제대로 한번 푹 쉬어 보는 것이 아닐까요? 너나 할 것 없이 얼마나 사는 게 힘들고 바쁜지요. 아이들은 방학하고 나서도 학원 가고 공부하느라 잠 한번 제대로 푹 자지 못합니다. 사람들은 쉬고 싶어 하면서도 쉬지 않습니다! 쉬러 가서도 무슨 일인가를 계속합니다. 그래서 돈 들여 좋은 데 여행 갔다 왔는데, 현관에 들어서면서 하는 말이 '아이고, 그래도 우리 집이 제일 좋다!' 입니다. 집이 제일 좋으면 뭐하러 여행을 갑니까? 쉰다는 것은 하던 일을 멈추는 것, 즉 무언가를 하지 않는 것이 아니던가요?

　성경에서 아무리 쉬라고 말해도 우리는 실제로 그렇게 하지 못합니다. 마치 목자의 비서실장처럼 살고 있습니다. 말하자면 양 같은 신앙이 아니라 비서실장 같은 신앙을 가지고 있어서 그렇습니다.

　하나님께서 '내가 너희의 목자다!' 라고 말씀하셨으니 일은 목자에게 맡기고, 양은 그냥 쉬어야 하는데 우리는 그러지 못합니다. 왜냐하면 내가 하나님의 양이라는 사실이 실제로 피부에 확 와 닿지 않기 때문입니다. 정확히 말하면, 하나님의 말씀을 있는 그대로 받아들이지 못하고 있기 때문입니다! 즉 우리가 하나님의 말씀대로 사는 사람이 아니라 자기 생각과 자기 경험, 자기 판단에 따라 사는 사람이라는 말입니다. '어떻게 하나님께 다 맡기고 잘 수 있어? 이건 내가 해야지…' 라고 생각합니다.

우리는 하나님 앞에서 쉬는 훈련이 안 되어 있는 사람들입니다. 비서실장 훈련은 아주 많이 되어 있는데, 양 훈련은 거의 안 되어 있습니다. 쉬는 것을 죄스럽게 여기면서 삽니다. 그러면서도 그것을 '충성'이라고 생각합니다. 그런데 이렇게 되면 우리가 하나님을 아주 민망하게 만드는 일이 발생합니다. 하나님에게는 아주 중요한 하나님의 원리가 있기 때문입니다,

하나님께서 우리에게 주신 열 가지 계명 가운데 설명이 제일 긴 계명이 뭔지 아십니까? 바로 네 번째 계명인 '안식일을 지키라', 즉 쉬라는 계명입니다. 십계명 중 가장 중요한 계명은 제1, 제2계명에 있는 '나 외에 다른 신을 두지 말고, 우상숭배하지 말라'는 것입니다. 그런데 제일 길게 기록

된 계명은 네 번째 안식일 계명입니다. 무려 네 절에 걸쳐서 가장 중요한 계명보다 더 길고 자세하게 기록하고 있습니다. 우리는 이 점을 주목해야 합니다.

우리가 큰 죄라고 여기는 살인죄나 간음죄나 절도죄에 대해서는 '살인하지 말라', '간음하지 말라', '도적질하지 말라' 이렇게 달랑 한 줄씩 적고 맙니다. 그런데 안식일 계명은 무려 열 다섯줄에 걸쳐 적고 있습니다. 우리가 안식일인 주일을 지키면서 쉬는 것이 얼마나 중요한 일인가를 하나님께서 강조하셨다는 뜻입니다.

그럼에도 불구하고 우리는 잘 쉬지 못합니다. 쉬는 것을 미안해하고, 심지어는 죄책감까지 느낍니다. 열심히 교회일 하는 것까지는 좋은데, 그 하는 것을 보면 하나님의 비서실장 같이 일하는 사람들이 아주 많습니다. 물론 헌신해서 그러는 것입니다. 믿음으로 그러는 것입니다. 하나님을 사랑해서 그러는 것입니다. 혹은 오래된 교회생활 습관 때문이기도 하고, 교회직분을 맡고 싶어서 그러기도 합니다. 그러나 이는 하나님의 말씀대로 하는 것은 아닙니다!

하나님의 비서실장이 되면 결코 풀밭에 눕거나 물에 발을 담그지 못합니다! 하나님의 비서실장은 목자보다 먼저 일어나야 하고, 더 늦게 자야 하기 때문입니다. 그러면 어떤 일이 일어나는지 아십니까? 문제는 하나님은 졸지도 않고 주무시지도 않는 분이라는 사실입니다. 졸지도 않고 주무시지도 않는 분을 이겨 낼 사람이 있습니까?

내 열심으로는 절대 하나님을 이길 수 없습니다. 하나님보다 더 열심히 할 수 없습니다. 하나님은 잠도 없이 일하는 목자시기 때문입니다. 그래서 어떤 사람을 보면 예수 믿다 지쳐서 뻗어 버립니다.

바로 이런 사람 때문에 성경 말씀이 완전히 엉터리라는 오해를 받을 수 있습니다. 성경에는 예수 믿으면 평안해지고 쉼을 얻게 된다고 했는데 말입니다. 그래서 예수 열심히 믿고, 교회일 열심히 했는데 나중에는 지쳐서 더 이상 교회 다니기 싫다는 말이 나온다면 얼마나 잘못되고 어이없는 일입니까?

성경을 보십시오. '예수 열심히 믿으면 지쳐서 뻗게 된다' 라는 말씀이 있는지…. 물론 열심히 교회일 하고, 봉사하러 다니고, 자기일 하는 것은 아주 귀한 일이고 당연한 일입니다. 그러나 신앙 안에서 잘 쉬는 것도 아주 중요한 하나님의 일입니다.

제가 목회하면서 '이건 정말 아이러니다'라고 생각했던 것이 몇 가지 있습니다. 교회를 개척하기 전에 제가 얼마나 많은 사람들의 이야기를 들었겠습니까? 들어보면 교회 때문에 힘들어하는 사람들이 얼마나 많은지 모릅니다. 교회에서 믿음으로 헌신하라고 해서 헌신했는데 너무 힘들다는 겁니다. 그래서 좀 쉬었으면 좋겠다는 겁니다.

꼭 그래서만은 아니었지만, 그래서 우리 교회 이름을 '쉴 만한' 교회라고 붙였습니다. 20여 년 전부터 마음에 품고 있었던 이름이기는 합니다만, 어찌됐든 그러면 여유 있게 쉬면서 넉넉한 마음으로 신앙생활하고 싶어 하는 사람들이 몰려올 줄 알았습니다. 그래서 기다렸습니다. 그런데 제가 얻은 결론은 '사람들은 쉬면 불안해한다!' 입니다.

또 사람들이 교회일 때문에 너무 바쁘고 힘들다는 겁니다. 직장 다니랴 집안일 하랴 아이들 돌보랴 바쁜데 거기에 교회일까지 해야 하니 부담스러워하는 겁니다.

꼭 그래서만은 아니지만, 우리 교회에는 일이 별로 없습니다. 일주일에 주일예배 딱 한 번만 드립니다. 평일에 다른 프로그램도 없습니다. 수요, 금요기도회를 시작하면서 '교우 여러분은 집이 머니까 교회까지 오시지 말고 그 시간에 그냥 집에서 기도하세요'라고 광고했습니다. 우리 교회 같이 교회일이 없는 개척교회도 없을 겁니다. 그러면 교회일 때문에 지쳤다는 사람들이 다 우리 교회를 찾아올 줄 알았습니다. 그런데 제가 얻은 결론은 '사람들은 교회일 안 하면 죄책감에 시달린다!' 입니다.

또 어떤 사람은 교회가 헌금을 너무 강요한다고 투덜거립니다. '헌금이 부담된다고?' 꼭 그래서만은 아니었지만, 여하튼 우리 교회에는 헌금용 봉투가 아예 없습니다. 헌금할 때 봉투에 이름도 쓰지 말라고 했습니다. 헌금 종류도 주일헌금, 십일조, 감사헌금 딱 세 가지만 있고, 공식적인 절기헌금도 1년에 부활절과 성탄절 딱 두 번만 합니다. 선교헌금이나 구제헌금이나 장학헌금이나 기타 다른 어떤 이름의 헌금도 없습니다.

저는 이렇게 하면 헌금 때문에 상처받은 사람들이 좋아할 줄 알았습니다. 그런데 제가 얻은 결론은 사람들이 이렇게 생각한다는 것이었습니다. '혹시 내가 헌금한 거 목사님이 모르시는 거 아니야?' 그러나 적어도 우리 교회 성도들은 이 부분에서는 완전히 자유하게 됐습니다. 봉투에 아예 이름조차 쓰지 않거나, 혹은 자기만의 고유번호로 자기만의 헌금을 하나님께 드리는 성도들과 함께하는 것이 얼마나 자랑스러운지 모릅니다.

또 어떤 사람은 설교가 은혜가 안 된다고 합니다. 제대로 된 말씀을 전하는 교회가 없다고 합니다. 그래서 제가 이번에는 매주일 설교 준비에 목숨을 걸었습니다. 얼마나 열심히 준비했는지 귀에 이명이 생기고, 하도 오래 앉아 있어서 엉덩이와 무릎, 종아리 근육에 이상이 올 정도였습니다. 저는 그러면 말씀에 갈급했던 사람들이 우르르 몰려올 줄 알았습니다. 그런데 제가 얻은 결론은 '말씀이 은혜로워도 사람들이 말씀대로 살고 싶어 하지는 않는다' 입니다.

개척교회 목회한 지 3년이 지나면서 한동안 헷갈렸던 것이 바로 이런 부분이었습니다. 물론 저는 사람들 좋으라고, 혹은 사람들 모으려고 목회하고 설교한 적은 없습니다. 그때나 지금이나 저의 관심은 성도들이 많고 적음이 아니라 하나님의 마음에 있습니다. 그저 하나님의 마음이 무엇일까만 궁금하고, 하나님의 마음으로 움직이는 교회가 되었으면 하는 마음뿐입니다.

우리 교회는 이름부터가 쉴만한교회입니다. 교인들을 바쁘게 돌리는 교회일도 없습니다. 헌금하라는 말도 하지 않습니다. 나름대로는 하나님 말씀을 제대로 전하려고 최선을 다했습니다. 그런데도 사람들은 별로 반응이 없습니다! 오히려 전에 다니던 교회에서 일에 치여서 왔다는 한 성도는 다시 일하고 싶다며 우리 교회를 떠났습니다. 교회봉사에 지쳐서 쉬고 싶어 왔다는 어떤 성도 역시 쉬는 게 싱겁다면서 교회를 떠났습니다.

그럴 때마다 사람들한테 속은 느낌이 들었습니다. '원한다는 거 다 해줬는데 이거 뭐야?' 한동안 헷갈렸습니다. 그러다 디모데후서 말씀에서 답을 얻었습니다.

> 때가 이르리니 사람이 바른 교훈을 받지 아니하며 귀가 가려워서 자기의 사욕을 좇을 스승을 많이 두고 또 그 귀를 진리에서 돌이켜 허탄한 이야기를 좇으리라 (딤후 4:3-4).

마지막 때에 일어날 현상에 대해서 사도 바울이 미리 말한 것입니다. 마지막 때가 가까우면 사람들이 바른 교훈을 듣지 않습니다. 바른 교훈을 말하고, 하나님 말씀을 제대로 전해도 그저 대수롭지 않게 좋은 말씀 정도로만 여기고 맙니다.

반면에 자기의 욕심을 채워 주는 말을 하는 선생을 좋아합니다. 입만 열면 복을 말하는 목사를 좋아합니다. 혹은 입만 열면 저주를 퍼붓는 목사를 무서워합니다. 겉으로는 헌금하라는 것이 부담된다고 말하면서도 '그래야 복 받는다'라고 말하는 목사를 좋아합니다.

말로는 좋은 설교를 듣고 싶다고 하면서도 실제로는 진리를 재미없는 훈계 정도로 여깁니다. 그 대신 영양가 없는 허황되고 거짓된 이야기에는 박수를 치고 좋아라 합니다. 텔레비전에 나오는 몇몇 연예인 같은 목사를 보면서 '목사는 저래야 한다'고 말합니다. 그러면서 콜라 들고 소파에 앉아서 설교를 '봅니다!'

사도 바울의 이 말씀을 보면서 제가 사람들한테 속은 것이 아니라 성경에 이미 예언된 대로, 마지막 때에 현대교회 안에서 일어나는 현상을 우리 교회가 지금 겪고 있다는 사실을 확인하게 됐습니다.

사람들은 지금 하나님의 말씀에 근거해서 신앙생활을 하고 있는 것이 아니라 자기들의 기대나 욕구를 가지고 하나님께 들이대고 있습니다. 그것을 열심 있는 신앙이라고들 말합니다. 그래서 누가 제일 뜨거운 신앙인인지 물으면, 가장 열내서 들이대는 사람이 가장 뜨거운 신앙인이라고 말합니다. 그러면서 경쟁이라도 하듯이 뜨거움의 쟁탈전을 벌입니다.

뜨겁게 하는 방법은 아주 간단합니다. 몸을 많이 쓰면 열이 나게 되어 있고, 그러면 자연 뜨거워집니다. 그래서 남들 한 번 교회 갈 때 자기는 세 번 갑니다. 다른 사람이 한 번 기도할 때 자기는 '주여 삼창'을 세 번씩 합니다.

옆 사람이 한 번 헌금하면 자기는 일천번제라면서 강대상에 봉투를 천 번씩 올립니다. 자기 이름이 강대상에서 천 번 호명되는 것을 듣기 위해서입니다. 그런데 일천번제라는 것이 솔로몬이 제사 한 번 드릴 때 '천 마리의 제물'을 드렸다는 말이지, '제사를 천 번 드렸다'는 의미가 아닙니다^(대하 1:6 참조). 그러니 이마저도 말씀대로 하는 것이 아니라 자기욕구대로 하는 것일 뿐입니다. 그래도 이런 일들이 교회에서 통하고 있습니다.

그런데 여기서 사람들이 놓치는 것이 하나 있습니다. 내가 그렇게 열심히 하고 있는 동안 하나님의 안식과 하나님의 쉼을 놓치고 있다는 사실입니다. 2절에 의한다면, 푸른 초장과 쉴 만한 물가를 스스로 놓치고 있습니다. 이것은 단지 푸른 초장과 쉴 만한 물가를 놓치는 데서 끝나는 것이 아니라 하나님을 섭섭하게 만드는 일입니다.

즐기기 vs 근심하기

푸른 초장과 쉴 만한 물가는 하나님이 만드신 하나님의 작품입니다. 목자이신 하나님은 양인 우리를 당신의 작품인 푸른 초장과 쉴 만한 물가로 데려가고 싶어 하십니다. 그래서 거기까지 데려갔다고 합시다.

그 다음에 우리가 해야 할 일이 무엇입니까? 우리는 그저 하나님 작품을 감상하고 좋아하면 됩니다. 거기까지 가서 자기가 풀 뜯고. 잔디 깎고, 돌다리 만들고, 앉을 자리 만들면 안 됩니다. 그냥 풀밭에 누으면 되고, 그냥 물에 발을 담그면 됩니다. 2절의 다른 번역들을 보면 아주 실감납니다.

그가 나를 풀이 무성한 풀밭에 눕게 하실 것이다 (류폴트 성경).

그가 나를 푸른 풀밭에 쉬게 하시고 (현대인의 성경).

그가 나를 풀밭에 누워 놀게 하시고 (공동번역).

'쉴 만한 물가'는 '쉴 만한 장소의 물가들'이라는 복수의 의미입니다. 쉴 만한 물가는 좁은 한 곳이 아니라 많은 양들이 한꺼번에 쉬기에 충분한 여러 곳의 물가가 여기저기 널려 있는 것을 말합니다. 하나님의 작품이 양을 위해서 충분하게 준비되어 있다는 의미입니다. 따라서 목자이신 하나님께서 우리에게 원하시는 것은 우리가 하나님 작품인 푸른 초장에 누워서 하늘을 쳐다보면서 좋아하는 것입니다. 우리는 그저 하나님 작품인 쉴 만한 물가에 앉아서 좋아하면 됩니다.

화가나 배우나 연주자들이 제일 행복해하는 게 뭐겠습니까? 사람들이 자기 작품을 보고 들으면서 좋아하는 모습을 보는 것입니다. 하나님께서 제일 신나실 때도 바로 이런 때입니다. 우리가 하나님의 작품에 누워서 그걸 마음껏 즐기고 좋아하는 모습을 내려다보는 것을 가장 즐거워하십니다. 하나님은 창조 예술가이시기 때문입니다.

창조주 하나님의 창조에 대한 첫 번째 반응은 보고 좋아하셨던 것입니다(창 1:4 참조). 맨 처음 빛을 만들고 그걸 보고 그렇게도 좋아하셨습니다. 바다를 보고 좋아하셨고, 온갖 풀과 나무를 보고 좋아하셨고, 달과 별을 보고 좋아하셨고, 물고기와 온갖 생물들을 보고 좋아하셨고, 짐승들과 땅에 기는 모든 것들을 보고 좋아하셨고, 아담과 하와를 만들고 보고 좋아하셨습니다. 하나님은 '무언가를 보고 좋아하는' 분이십니다!

오늘 하나님은 우리가 하나님의 작품에 눕거나 발을 담그고 좋아하는 모습을 보고 좋아하실 것입니다. 이것이 하나님을 영화롭게 하는 일입니다. 우리가 하나님의 작품인 푸른 초장에서, 쉴 만한 물가에서 쉬고 좋아하는 것은 하나님께 영광 돌리는 일입니다. 하나님께서 우리의 그런 모습을 보고 좋아하실 것이기 때문입니다.

하나님을 거룩의 방안에만 가둬 두지 마십시오. 하나님도 때로는 푸른 초장으로 나오고 싶어 하십니다. 하나님도 때로는 쉴 만한 물가에 와 계십니다. 이런 것이 우리가 제일 기대하는 그림이 아닐까요?

문제는 우리가 이런 것을 바라면서도 잘하지 못한다는

겁니다. 이런 훈련이 잘 안 되어 있기 때문입니다.

한번은 여름휴가중에 처고모님 댁이 있는 단양에 가게 되었습니다. 소백산 국립공원 안에 있는 펜션인데, 바로 옆에 소백산 계곡물이 흘렀습니다. 아직 휴가철이 아니라서 계곡에 사람들이 없었습니다. 아내와 저 단 둘뿐인 계곡에 앉아 물 속에 발을 담그니 계곡물이 얼마나 맑고 차갑든지 뼛속까지 시릴 정도였습니다. 바위에 앉아 발을 물에 넣었다 뺐다 하는데 얼마나 시원하고 행복했는지 모릅니다.

그런데 슬그머니 제 마음 한편에 이런 생각이 들었습니다. '내가 이런 호사를 누려도 되나?' 다른 때 같으면 강의 준비하고, 설교 준비한다고 씨름하고 있을 시간에 이러고 있으니까 좀 불안하기도 하고, 휴가도 못 긴 채 일하고 있을 교인들 생각에 미안한 마음까지 들었습니다. 한편으로는 그까짓 계곡물 하나 마음대로 누리지 못하는 제 자신이 처량하게 느껴졌습니다.

이런 생각을 한다는 것은 거룩한 것도 아니고, 믿음 좋은 것도 아닙니다. 단지 누리지 못하는 것일 뿐입니다. 2절의 말씀을 바탕으로 보자면, 하나님이 나의 목자시고 나는 그

65

의 양이라는 신분을 아직 충분하게 누리지 못하고 있다는 증거일 뿐입니다.

오늘 우리를 이렇게 만드는 주범이 하나 있습니다. 바로 근심의 짐입니다. 입으로는 '하나님은 나의 목자시니 나는 부족함이 없다'라고 하면서, 돌아서면 바로 '어쩌지?' 하고 짐을 다시 집니다. 헬라어로 근심(merimnao)이라는 말은 '나눈다'(merizo)라는 말과 '마음'(nous)이라는 말이 합쳐져서 생긴 말입니다. 그러니까 근심이라고 하는 것은 마음을 둘로 나누는 것입니다. 근심은 오늘의 할 일에 내일의 걱정거리를 섞어서 마음의 안정을 깨트리는 것입니다.

물론 이 세상을 살다보면 우리에게 근심 떠날 날이 별로 없습니다. 우리는 완전한 존재가 아니며, 우리의 능력에는 늘 한계가 있기 때문입니다. 살면서 겪게 되는 일들은 대부분 우리의 한계를 넘어설 때가 많습니다. 그래서 우리는 힘들어하고 쉬지도 못합니다. 이렇게 애를 쓴다해도 생각만큼, 내가 들인 노력만큼 속 시원하게 되는 일도 많지 않습니다. 그 결과가 우리의 어깨를 짓누르는 근심의 짐, 염려의 짐입니다. 이 세상을 살아가는 한 우리는 이 짐에서 벗어날 수 없습니다.

우리의 이런 사정은 누구보다 우리 주님이 잘 아십니다. 날마다 밥 먹듯이 염려하는 우리를 향하여 주님은 "너희 중에 누가 염려함으로 그 키를 한 자라도 더할 수 있느냐"(마 6:27)라고 하셨습니다. 맞습니다. 내가 염려한다고 다음 날 키가 자라지는 않습니다. 하지만 염려하지 말자고 결심한다고 해서 염려가 안 되는 것도 아닙니다. 우리는 하는 수 없이 이 염려의 짐, 근심의 짐을 짊어지고 살 수밖에 없습니다. 이것이 우리를 불안하고 초조하게 만듭니다. 그런데 이런 우리를 향해 주님은 또 말씀하십니다. "수고하고 무거운 짐 진 자들아 다 내게로 오라 내가 너희를 쉬게 하리라"(마 11:28).

그렇다면 이제 우리 앞에는 두 가시 길이 놓여 있다고 볼 수 있습니다. 하나는 성경의 말씀대로 방향을 잡는 겁니다. "하나님, 제가 지금 주님의 도움이 절실하게 필요합니다. 저를 불쌍히 여겨 주십시오. 저의 목자가 되어 주십시오." 이렇게 기도하는 겁니다. 다른 하나는 내 방법대로 하는 겁니다. 그것은 '어떻게 하지?' 하며 계속 염려하는 것입니다.

불안하고 염려로 가득 찬 상황에서 내가 할 수 있는 일은 기도하든지, 아니면 염려하든지 둘 중 하나입니다. 답은 분명합니다. 기도는 현재 내 상황에 주님을 초청하는 일입니다. 나의 어려운 현재 상황에 주님이 오시기를 간청하는 것이 기도입니다. 빌립보서 4장 6절은 이럴 때 우리에게 힘이 되는 말씀입니다.

아무 것도 염려하지 말고 오직 모든 일에 기도와 간구로, 너희 구할 것을 감사함으로 하나님께 아뢰라.

근심되고 염려되는 일이 있을 때 이 말씀을 붙들고 기도하면 응답을 받고 안정을 얻습니다. 그런데 어떤 때는 아무리 이 말씀을 붙들고 기도하고 암송해도 염려가 떠나지 않을 때가 있습니다. 성경에서 염려하지 말라고 했다고 해서, 염려하지 말아야지 하고 결심한다고 해서 염려라는 것이 그렇게 쉽게 떨어져 나가지는 않습니다. 염려라는 것이 그 정도 수준이면 우리가 상대도 안 합니다. 염려와 근심은 우리의 뼈를 갉아먹을 정도로 무섭고 집요합니다. 사람을 우울하게 만들다가 심지어는 목숨까지 앗아 갑니다.

그런데 이 염려를 이길 수 있는 가장 영적인 일이 하나 있습니다. 그것은 '잠'입니다. 시편 127편 2절을 보면 "… 여호와께서 그 사랑하시는 자에게는 잠을 주시는도다"라고 말합니다. 잠은 하나님의 복입니다. 좋은 잠은 영적인 복입니다. 우리에게 잠 같이 좋은 약도 없습니다.

그런데 다른 구절을 보면 꼭 이렇지만은 않은 사람도 있습니다. "그들은 악을 행하지 못하면 자지 못하며 사람을 넘어뜨리지 못하면 잠이 오지 아니하며"(잠 4:16)라고 말합니다. 세상에 이런 사람처럼 불쌍한 사람도 없습니다.

잠에도 하나님께서 재워 주시는 잠이 따로 있습니다. 그것이 '양의 잠'입니다. 목자가 재워 줘서 자는 잠입니다. 목자가 사랑하는 양을 다독거리고 머리를 쓰다듬으면서 재울 때 양은 얼마나 맛있게 잠이 들겠습니까? 이런 잠이 세상 잊고 자는 잠입니다. 그래서 염려를 이길 수 있는 가장 영적인 일이 잠이라는 말씀입니다. 이것은 그냥 퍼질러 자는 것이 아니라 목자이신 하나님께 맡기고 자는 잠입니다.

이런 믿음이 있어야 합니다. 내가 자는 사이에 하나님께서 일하시도록 하나님께 시간을 드리는 것이 영적인 잠입니다. 내가 선택해야 할 것을 하나님께서 선택하시도록 하나님께 기회를 드리고자 하는 것이 '믿음의 잠' 입니다.

동두천 미군부대에 행정병으로 가 있는 아들의 첫 면회를 갔습니다. 그 부대에는 아들의 친한 친구가 두 달 전에 미리 가서 근무하고 있었습니다. 아들은 "아빠 말씀 듣고 내가 선택하지 않았더니 하나님께서 선택해 주셨어요"라고 고백합니다. 작지만 이런 경험을 통해서 아들이 하나님을 가깝게 생각하게 된 것 같아 감사했습니다.

믿음은 말로 하는 것이 아니라 현장에서 실제로 경험해 봐야 하는 것입니다. 그러기 위해서는 하나님의 말씀을 사실로 믿고 그대로 따라야 합니다. 하나님 말씀을 무시하지 않아야 합니다. 그러면 하나님께서 일하십니다. 하나님은 나의 목자시고, 나는 그의 '무능한' 어린 양이기 때문입니다. 나의 목자가 '유능한' 목자임을 인정하고 맡기면, 그 목자는 무능한 나를 위해서 알아서 해주십니다.

그러나 나 잘났다고 나서면, 하나님은 '그래 어디 한번 해봐라' 그러고는 팔짱을 껴버리십니다. 그러면 세월 지나

결국 '천부여 의지 없어서' 하면서 두 손 들고 목자에게 기어와야 합니다. 괜히 시간과 몸만 손해 보는 겁니다. 죽었다 깨어나도 하나님은 목자시고, 우리는 양입니다. 이것은 뒤집히는 일이 결코 없습니다. 그렇다면 평생 그냥 양으로 사는 게 좋지 않겠습니까?

'오늘'의 목자를 만나는 양

내가 내 인생의 목자가 되려고 발버둥칠 필요도 없습니다. 양으로 살기 싫다고 버틸 필요도 없습니다. 하나님은 나의 목자시고 나는 그의 양임을 인정하고 감사하며 살면 됩니다! 그러면 나머지는 목자이신 하나님께서 다 알아서 하십니다! 그것이 2절에 말하는 바입니다.

> 그가 나를 푸른 초장에 누이시며 쉴 만한 물가로 인도하시는도다!

주어와 목적어가 얼마나 분명합니까? '그가' '나를' 푸른 초장에 누이시며, '그가' '나를' 쉴 만한 물가로 인도하십니다. 나를 누이는 분도 하나님이시고, 나를 쉴 만한 물가로 인도하는 분도 하나님이십니다. 모두 목자이신 하나님의 몫입니다. 나는 그냥 따라가서 안기기만 하면 됩니다. 그러면 목자께서 알아서 누이고, 알아서 인도하겠다고 하십니다.

 이것은 미래에 일어날 어떤 좋은 일을 얘기하는 게 아니라 바로 지금 그렇게 하시겠다는 말씀입니다. 왜냐하면 양에게 내일은 없기 때문입니다. 내일이란 단지 오늘의 연장일 뿐, 오늘이 무사해야 내일이 있을 수 있습니다. 내일 아무리 하늘에서 만나가 쏟아진다 하더라도, 계획대로라면 내일 최고로 품질 좋은 초장으로 가게 되어 있고, 제일 맑은 물가로 가게 되어 있다 하더라도 오늘이 안전하지 않으면 양에게 내일은 없습니다.

 양에게 필요한 목자는 내일의 목자가 아니라 바로 '오늘', '지금', '여기'의 목자입니다. 다윗이 노래한 목자가 바로 오늘, 지금, 여기의 목자입니다. 오늘 그 목자에 이끌려서 푸른 초장에 가야 먹을 수 있습니다. 오늘 그 목자가 물을 먹여야 양에게 내일이 있습니다.

우리가 만나야 할 하나님도 바로 오늘의 하나님입니다. 어제 만난 하나님이 아니라, 어제의 하나님을 오늘 또 다시 만나야 합니다. 오늘의 하나님을 만나야 내일의 하나님을 기대할 수 있습니다. 오늘의 하나님을 만나는 사람은, 오늘 여호와는 나의 목자시니 오늘 나는 부족함이 없다고 믿고 고백하는 사람입니다.

오늘의 신앙고백과 오늘의 자기경험 없이는 결코 2절의 아름답고 풍요로운 하나님의 쉼을 경험할 수 없습니다. 오늘의 하나님을 만나는 사람만이 진정한 쉼을 누릴 수 있습니다. 이런 사람은 한 가지 분명한 욕구를 가지고 있습니다. 그것은 바로 '오늘' 하나님을 목말라하는 겁니다! 하나님이 오늘, 지금, 여기서 자기의 목자가 되어 주셔야 하기 때문입니다. 하나님이 계시지 않으면 먹을 수도, 마실 수도, 누울 수도 없는 무능한 양이기 때문입니다. 이런 사람이 오늘 하나님을 만나는 사람입니다.

매일매일 우리의 삶과 현장은 하나님을 만나는 자리입니다. 이것을 놓치면 그 시간만큼 평안과 쉼이 있어야 할 자리에 근심과 불안과 염려가 똬리를 틀게 될 것입니다. 반면에 오늘 하나님을 만나는 사람은, 그 시간만큼 푸른 초장에서 포근한 잠과 쉴 만한 물가의 상큼한 쉼을 경험하게 될 것입니다. 다윗의 시를 단지 부러워만 하거나 그림의 떡이 되게 하지 말고, 이것이 나의 현실이 되기를 소원하십시오. 그리고 그 소원을 가지고 하나님 앞으로 나아가십시오.

하나님의 은혜는 다윗만 누릴 수 있는 것이 아닙니다. 하나님의 안식은 다윗만의 전유물이 아닙니다. 다윗이 노래했던 푸른 초장과 쉴 만한 물가는 오늘 우리를 위해서도 준비된 축복의 선물입니다.

오늘 우리도 이 선물을 받고 누려야 합니다. 그러기 위해서는 다윗처럼 오늘의 하나님을 만나야 합니다. 그러면 우리에게도 푸른 초장의 개운한 잠과 쉴 만한 물가에서의 시원함과 즐거움이 넘치게 될 것입니다. 그 하나님을 만나는 축복이 있기를 바랍니다.

하나님에게 양이면서도
양 노릇 못하고, 안 하고 사는 게
오늘 우리의 모습이 아닌지요.

SHARING & CHECK

1. 당신은 하나님의 비서실장입니까, 아니면 하나님의 어린양입니까?

2. 당신으로부터 영적인 자유함과 쉼을 빼앗아 가는 요인이 있다면 무엇입니까?

3. '염려를 이길 수 있는 가장 영적인 일이 잠' 이라는 말을 어떻게 이해하십니까?

4. 당신은 오늘의 하나님을 만나고 있습니까, 아니면 과거의 하나님만을 그리워하고 있습니까?

5. 당신으로 하여금 오늘 하나님을 만나지 못하게 방해하는 요인이 있다면, 무엇입니까?

6. 2절의 말씀이 당신에게 준 중요한 메시지는 무엇입니까?

CHAPTER 3

목자를 주인공 되게 하는 양

"하나님은 나의 목자신가,
나의 행복도우미신가?"

내 영혼을 소생시키시고
자기 이름을 위하여
의의 길로 인도하시는도다.
– 시편 23:3

아름답고 감동적인 다윗의 시편 23편을 읽을 때마다 이런 생각을 했던 적이 있었습니다. 1절과 2절을 읽다가, 3절부터 5절까지는 생략하고 곧바로 6절로 넘어가서 끝났으면 좋지 않았을까 하고 말입니다. 제가 한번 그렇게 읽어보겠습니다.

여호와는 나의 목자시니 내가 부족함이 없으리로다 그가 나를 푸른 초장에 누이시며 쉴 만한 물가로 인도하시는도다
나의 평생에 선하심과 인자하심이 정녕 나를 따르리니 내가 여호와의 집에 영원히 거하리로다.

어떻습니까? 빼니까 더 좋습니까, 아니면 시가 좀 싱거워지는 것 같습니까? 3절의 '영혼을 소생시키시고', 4절의 '사망의 음침한 골짜기', 5절의 '내 원수'라는, 좀 좋지 않은 단어가 들어간 절을 뺐습니다. '소생'이라는 말에는 '거의 죽을 뻔했다'는 의미가 깔려 있고, '사망'이나 '원수'도 어감이 좋은 말은 아닙니다. 그래서 그런 단어가 있는 절을 빼고 읽은 겁니다.

반면에 1절, 2절, 6절에는 어두운 단어나 죽음의 분위기가 전혀 없습니다. '나의 목자', '부족함이 없다', '푸른 초장', '쉴 만한 물가', '선하심', '인자하심', '여호와의 집', '영원히 거한다.' 하나같이 밝고 위로와 힘을 주며, 여유와 소망이 넘쳐나는 단어들입니다. 이 말씀을 그림으로 그려 봐도 아주 아늑하고 포근한 장면이 나올 것 같습니다.

그런데 이렇게 3절, 4절, 5절을 빼고 읽으니까 듣기는 좋고 그림으로 상상하기에는 아름다운 것 같은데, 뭔가 맛이 좀 없지 않습니까? 스릴 넘치는 다윗의 시가 아니라 감수성 예민한 문학소녀 같은 느낌만 나는 것 같지 않습니까? 뭔가 부드럽고 좋은 말인 것 같기는 한데, 오히려 마음에 썩 와 닿지가 않습니다. 왜냐하면 이런 것은 우리의 실제 삶과는 잘 어울리지 않기 때문입니다.

우리가 살아 가고 있는 인생은 그렇게 낭만적이지만은 않습니다. 우리가 살아가고 있는 현실만큼 치열하고 힘에 겨운 전투장도 없습니다. 우리는 날마다 전투를 벌이고 살아가는 사람들입니다. 때로는 돈과 싸워야 하고, 때로는 자기 능력의 한계와 싸워야 하고, 때로는 사랑하는 가족이나 친구와도 싸워야 하고, 심지어는 자기 자신과도 싸워야 합니다.

게다가 크리스천들은 영적으로도 싸워야 합니다. 그래서 24시간 우리 삶의 현장은 전쟁터와도 같습니다. 단지 잠자는 시간만큼만 휴전입니다. 심지어 어떤 사람들은 잠자는 것까지도 싸워야 잘 수 있습니다.

이 싸움, 언제 끝날까요? 이 세상 떠나는 날입니다. 큰 싸움 작은 싸움 정도의 차이만 있을 뿐이지 우리에게 적도의 무풍지대 같은 시간은 없습니다.

이런 일상이 우리에게 얼마나 익숙해졌는지, 3절, 4절, 5절이 없으면 더 아름다운 시가 되지 않았을까 생각했는데 막상 세 구절들을 빼고 읽으니까 오히려 시가 밋밋하고 싱겁게 느껴집니다. 바로 이것이 오늘날 우리의 현주소입니다. 그래서 우리에게는 하나님이 필요한 것입니다.

앞 장을 마무리하면서 한 주 동안 다윗이 경험했던 하나님을 경험하면서 푸른 초장의 개운한 잠과 쉴 만한 물가의 시원함과 즐거움을 누려보자고 제안했습니다. 제 말대로 2절의 풍성함을 누려 보셨는지요?

그런데 정작 저는 그렇게 살지 못했습니다. '푸른 초장, 쉴 만한 물가' 얘기를 하고 나서 저 스스로도 내심 기대를 많이 했습니다. '이번 주부터 꼭 누려 보겠다' 라는 마음으로 월요일을 시작했습니다. 월요일에 학생들에게 '성서교육의 이론과 실제' 라는 강의를 하면서 나사로, 마르다, 마리아 설교 세 편을 가지고 분석과 시범설교를 했습니다. 그러고 나서 느낀 점을 이메일로 피드백을 보내게 했습니다.

수강했던 학생들은 피드백을 통해 '기가 막힌 설교였다', '늘 들어 알고 있던 본문이었는데 어떻게 거기서 생전 들어보지 못한 그런 설교가 나올 수 있었나', '내가 마르다 같아서 더 이상 할 말을 잃었다' 는 둥 칭찬 일색이었습니다.

심지어 어떤 분은 '자기가 지금까지 속은 것이 분하다' 고 하면서 '다른 목사님들은 신학도 하지 않았나?' 라는 말까지 했습니다. 학생들의 피드백을 받으면서 제가 성경을 제대로 설교했다는 생각에 보람 있고 감사했습니다.

그런데 문제는 저에게서 일어나기 시작했습니다. 제 설교를 들은 학생들은 은혜 받았다고, 도전받았다고 하는데, 저는 시간이 지나면서 전혀 신나지도 않았고 오히려 무언가 휑한 느낌마저 들기 시작했습니다. 연극이 끝나자 관객들이 모두 떠난 텅 빈 객석을 바라보는 연극배우처럼 마음이 울적하고 무거웠습니다.

관객들이 연극 보고 감동받았다고 그 감동이 관객들에게 현실이 되는 것도 아니고, 연극 속의 주인공처럼 되는 것도 아니라는 사실 때문이었습니다. 관객들은 그저 한두 시간 감동의 여운만 간직하고 갈 뿐이고, 시간이 지나면 그것은 휘발유처럼 날아가 버리고 말 테니까요.

저부터도 어떤 세미나나 집회에 참석해서 좋은 강의 듣고 은혜 받았다고, 저절로 삶이 변화되는 것은 아니라는 사실을 아주 많이 경험했습니다. 물론 도움도 되고 여러 모로 응용도 합니다만, 기대했던 것에 비하자면 그것은 아주 작은 부분에 지나지 않습니다.

과연 제가 학생들에게 설교하고 가르친 것이 그들에게

얼마나 효과가 있을지 저도 장담할 수 없습니다. 아마 그런 생각 때문에 제가 힘들었는지도 모릅니다. 그런데 그러고 있는 사이에 제 마음 어디에선가 슬며시 들려오는 소리가 있었습니다.

장 목사야. 네가 그렇게 노력한다고 사람들이 진짜 달라지는 줄 알아? 사람들이 원하는 것은 말씀이 아니라 당장 먹을 수 있는 떡이야. 그러니까 너 말씀 전한다고 애써 봐야 소용 없어. 그런다고 누가 알아주냐? 개척교회 한다고 구석에서 잘났다고 소리쳐 봐야 아무도 알아 주지 않아. 목사는 일단 교회가 크고 봐야 해. 요즘 설교 듣고 감동하는 사람이 있는 줄 알아? 착각하지 마! 중요한 것은 말씀이 아니라 떡이야, 떡!

한 주 동안 제 속에서는 저를 의기소침하게 만들려는 내면의 소리가 끊임없이 저를 괴롭혔습니다. 신나게 강의하고 설교하고 왔는데, 그래서 사람들은 크게 은혜 받고 귀한 것을 깨달았다고 하는데, 막상 저는 점점 마음이 무거워지면서 평안을 잃기 시작했습니다.

그런데 그것은 예수님께서 사십일 광야 금식기도를 마치셨을 때 사탄이 와서 걸었던 바로 그런 시험이었습니다. 사탄은 예수님께 돌로 떡을 만들어야 사람들이 놀라서 너한테로 몰려들 것이라고 했습니다. 사탄은 예수님께 성전 꼭대기에서 사뿐히 뛰어내려야 사람들이 너를 초능력자라면서 박수칠 거라고 말했습니다. 사탄이 예수님께 천하만국의 영광을 가져야 사람들이 너에게 존경을 바칠 거라고 말했습니다(마 4:1-11 참조). 그렇게 갈릴리 촌구석에서 돌아다녀 봐야 소용 없다면서 사탄이 예수님께 깐죽거렸습니다.

제가 목회 3년차를 넘기면서 경험했던 것이 하나 있습니다. 그것은 성경 한 권의 설교를 끝내고 다음 성경으로 넘어가는 사이에 사탄이 저를 엄청나게 공격한다는 사실이었습니다.

창세기 설교 42주를 끝내고 교회를 이전하면서 몇 달 동안 얼마나 힘들었는지 모릅니다. 거의 그로기 상태까지 갔습니다. 두 번째 요한복음 끝내고서도 한동안 그랬습니다. 그때는 단지 체력적인 문제인 줄만 알았습니다. 그러다 세 번째 출애굽기를 끝내고 그런 일에 또다시 시달리면서 '아, 이것이 사탄의 공격이구나!' 라고 비로소 깨닫게 됐습니다.

그 다음 네 번째 민수기를 시작하기 전에도 여전히 그랬습니다. 그런데 그때부터는 그런 일로 걱정하거나 시달리지 않았습니다. 사탄의 이런 공격은 이제는 오히려 저에게 약이 됩니다. 그래야 제가 더 고민하게 되고 집중하게 된다는 것을 알았기 때문입니다. 때마다 사탄이 저를 속이고 낙담케 하려고 덤벼들 것을 이제는 잘 알고 있습니다.

이런 것이 오늘 다윗에 의한다면 '내 영혼을 소생시키시고' 라는 말씀 속에 숨어 있는 비밀입니다.

내 영혼을 소생시키시고

2절까지 얼마나 좋았습니까? 푸른 초장의 배부름과 포근한 잠! 쉴 만한 물가에서의 시원함과 개운함! 생각만 해도 즐겁고, 생각만 해도 배부릅니다. 이를 경험하면 경험할수록 점점 더 하나님에 대한 소망이 생기고, 점점 더 하나님의 은혜에 대한 갈망이 생깁니다. 이 상태가 계속 유지되다가 그 다음 곧바로 6절로 넘어가면 그야말로 금상첨화일 것입니다. 이보다 더 좋을 수 없습니다!

그런데 그러기 전에 3절 '내 영혼을 소생시키시고'가 나옵니다! '소생시킨다'는 말은 '다시 살려낸다'는 의미입니다. 여기서 '다시'라는 의미가 아주 중요합니다. '처음으로 살려낸다'는 말이 아니라 '살려 놨는데 또 죽게 되어서 다시 살려 낸다'는 의미가 바로 '소생시키시고'에 있습니다.

말하자면 이렇습니다. 하나님은 나의 목자시고, 나는 그의 양인데 죽었던 나를 하나님이 살리셨습니다("너희의 허물과 죄로 죽었던 너희를 살리셨도다"). 그런 다음 하나님께서는 나를 위해 준비해 두신 푸른 초장에도 누이셨고, 쉴 만한 물가로 인도하셔서 잘 지내게도 하셨습니다. 목자이신 여호와 하나님 덕분에 나는 행복에 겨운 나날들을 보내고 있었습니다.

그런데 어느 날 푸른 초장, 쉴 만한 물가로 따라가던 나는 식곤증 때문에 깜빡 졸다가 아차 하는 순간에 계곡 아래로 굴러 떨어집니다. 앞서 가던 목자가 나의 비명 소리에 깜짝 놀라 다른 양들을 세워 놓고 계곡 아래 떨어진 나를 찾아냅니다. 보니까 숨이 조금 붙어 있습니다. 그래서 목자는 인공호흡을 하고, 가슴을 압박하면서 죽어 가는 나를 살려 냅니다. 그것이 '내 영혼을 소생시키시고'입니다.

목자이신 여호와 하나님을 바라보고 잘 따라가다가, 아차 하는 순간 발을 헛디뎌서 천 길 낭떠러지 아래로 떨어진 것입니다. 바로 오늘 우리들의 모습입니다. 하나님만 바라보면 안전하다고요? 하나님께 목말라만 하면 안심이라고요? 그렇기는 합니다. 그런데 한편으로는 이렇게 생각지도 못했던 천 길 낭떠러지가 우리를 기다리고 있다는 사실을 기억하십시오!

저는 다윗이 정말 정직한 사람이라고 생각합니다. 다윗은 우리에게 사탕발림 같은 말만 하지 않았습니다. 자기 시를 멋지게 노래하고 싶다고 '아, 인생은 황홀하기만 하여라!'고 노래하지 않았습니다. '아, 하나님만 믿으면 여기가 바로 천국이다!' 라며 우리를 속이지도 않았습니다. 다윗은 오늘 우리 신앙의 정직한 면을 노래하고 있습니다.

하나님은 나의 목자시다. 그래서 나는 부족하지 않다. 그가 나를 푸른 초장에 누이시기 때문에 나는 얼마나 행복한지 모른다. 그가 이끌고 데리고 가는 그 쉴 만한 물가가 얼마나 좋은지 모른다. 그

> 런데 어느 날 나는 천 길 낭떠러지에서 죽을 뻔했다! 목자가 앞에 있었는데도 말이다! 다행히 목자가 있어서 나는 다시 살아날 수 있었다!

저는 정직한 다윗이 좋습니다. 다윗의 이런 정직한 고백으로 인해 다윗에게만큼은 열등감을 느끼지 않아도 되니까요. 성경의 인물들이 한결같이 '믿음의 결과는 실크로드'라고만 말했다면, 우리는 기가 죽어 신앙 자체를 포기했을지도 모릅니다. 우리는 죽었다 깨어나도 그 사람들만큼은 못하니까 말입니다. 그런데 천하의 다윗도 천 길 낭떠러지에 떨어지는 경험을 했다고 고백하니까 우리 동지처럼 느껴집니다. 그래서 위로가 되고 그래서 용기가 생겨서 이 신앙의 길을 다시 가게 됩니다.

이 말씀을 통해 내 영혼을 다시 살려 내야 할 만큼 천 길 낭떠러지에 떨어질지도 모른다는 두려움을 갖지 마시고, 나의 영혼을 다시 살려 주실 목자가 있다는 사실에 더 큰 위로와 자신감을 가지시길 바랍니다.

사실을 말씀 드리자면, 우리는 목자가 있든지 없든지 어느 날 천 길 낭떠러지에 떨어져서 갈가리 찢겨질 수밖에 없는 존재들입니다. 아무리 조심하고, 아무리 몇 겹씩 안전장치를 한다고 해도, 언제 어떤 일을 당하게 되는지 아무도 모릅니다. 어떤 보험도 우리를 보호해 주지는 못합니다. 우리 인생은 어쩌면 살짝 눈 덮인 크레바스 위를 걷고 있는 중인지도 모릅니다.

다윗은 지금 '자기의 육체'가 아니라 '내 영혼'을 소생시키시는 분을 노래하고 있습니다. 우리에게는 내가 손쓸 수 있는 영역이 있고, 내가 손쓸 수 없는 영역이 있습니다. 그게 영혼의 영역입니다. 육체의 영역은 내가 손쓸 수 있습니다. 건강할 때는 열심히 운동해서 몸짱이 될 수도 있습니다. 아프면 의사의 손을 빌릴 수도 있습니다.

그러나 영혼은 내가 어떻게 손쓸 수 있는 영역이 아닙니다. 이것은 하나님의 영역입니다. 내 영혼이 만약 죽음의 천 길 낭떠러지에 떨어졌다면 이건 누가 나서서 처리해야 할 일입니까? 이것은 절대적으로 하나님의 영역입니다. 좋든 싫든 그 사실을 인정해야 합니다.

그런데 나에게 그 신은 여호와 하나님이시고, 그 여호와는 나의 목자이십니다. 그 목자이신 하나님 여호와께서 푸른 초장에서 굴러 떨어진 내 영혼을, 쉴 만한 물가에서 갑자기 떠내려가서 잃어 버린 내 영혼을 다시 찾아 인공호흡해 주시고 소생시켜 주신다니 내 인생에 이것만큼 안전한 보장이 어디 있고, 이것만큼 든든한 장치가 어디 있겠습니까?

비록 내가 깜빡하는 사이에 천 길 낭떠러지에 떨어졌다 해도, 목자이신 하나님께서 나를 찾아 죽어가는 내 입에 하나님의 거룩한 입으로 생기를 불어넣어 주십니다. 그것이 '내 영혼을 소생시키시고' 입니다.

하나님을 목자로 삼고 사는 양은, 그래서 천 길 낭떠러지에 떨어져도 겁나지 않습니다. 왜냐하면 목자가 자기를 찾아서 살려낼 것을 알고 있기 때문입니다. 양에게는 '자기 이름을 위하는' 주인이 따로 있습니다.

자기 이름을 위하여

3절에 주어, 목적어를 넣어서 읽으면 이렇습니다.

〔그는〕 내 영혼을 소생시키시고 〔그는〕 자기 이름을 위하여

〔그는 나를〕의의 길로 인도하시는도다.

모든 구절의 주어는 '그는', 즉 여호와 하나님이십니다. 모든 문제를 해결하는 분도 하나님이시고, 모든 문제의 주인도 하나님이십니다. 우리는 늘 주시는 하나님, 사랑의 하나님만 떠올립니다.

그런데 이런 하나님만을 좋아하다 보니까 사람들이 하나님을 자기 인생의 보조자나 행복도우미 정도로만 여깁니다. 그래서 자기 입맛에 맞게 일을 처리해 주시면 하나님을 사랑한다고 말하다가, 기도응답이 없는 것 같거나 자신의 기대대로 일이 처리되지 않으면 하나님께 투덜거립니다. 그러나 하나님은 우리를 위해서 존재하는 보조장치가 아닙니다! 하나님은 우리의 행복도우미가 아닙니다! 하나님은 여호와이십니다. 하나님은 신이십니다. 하나님은 스스로 있는 분이십니다.

우리를 향한 하나님의 목적은 하나님의 하나님 되심(Lordship)에 있습니다. 하나님이 우리 인생의 주인이 되시겠다는 것이 하나님의 의지입니다. 그리고 이것은 우리를 향한 하나님의 선언입니다. 그것이 '자기 이름을 위하여'에 담긴 의미입니다. 오늘 우리 입장에서 말한다면, '자기 이름을 위하여' 존재하시는 하나님을 액면 그대로 인정해 드리는 것이 믿음입니다.

이것은 하나님이 내 인생의 주인공이심을 인정하는 일입니다. 내 인생이 나에게 달려 있는 것이 아니라 목자이신 하나님의 손에 달려 있다고 인정하고 고백하는 것입니다. 그리고 이것은 입술로만 말하는 게 아니라 실제 삶에 있어서도 그렇게 되도록 하는 일입니다. 그렇게 하는 이가 하나님을 주인공 되게 하는 사람입니다.

하나님은 하나님 되심을 스스로 챙기는 분이십니다. 그 일을 우리에게 부탁하지 않으십니다. 하나님은 우리에 의해서 좌우되는 분이 아니십니다.

요한복음의 나사로가 기억나십니까? 예수님께서 사랑하시던 친구 나사로가 죽었습니다. 나사로의 누이인 마르다와 마리아가 예수님께 사람을 보내서 빨리 좀 와달라고 간청했습니다. 그런데 예수님께서는 이틀이나 더 머무셨다가 나사로가 죽은 지 나흘이 지나고 나서야 그의 무덤을 찾으셨습니다.

예수님께서는 아주 의도적으로 그렇게 하셨습니다. 그래야 나중에 예수님께서 나사로를 살리신 일에 대해 아무도 말을 섞지 못할 테니 말입니다. '내가 기도했더니 예수님께서 오셔서 우리 오빠를 살려 주셨어요'라고 예수님의 영광에 물타기 하지 않도록, 예수님의 영광에 아무도 무임승차 하지 못하도록 예수님께서 원천적으로 막으셨습니다.

예수님은 누구의 도움으로 예수님이 되시는 분이 아닙니다! 오병이어의 기적이 일어났을 때 사람들은 예수님을 선지자로, 왕으로 만들려고 했습니다. 그러면 예수님께서 자기들한테 고마워하면서 자기들의 선의를 기꺼이 받아들이실 줄로 알았습니다. 그러나 예수님은 그들에게 등을 돌린 채 산으로 홀로 올라가셨습니다. 예수님은 사람들에 의해서 예수님이 되는 분이 아니시기 때문입니다.

하나님은 '자기의 이름을 위하여' 일하는 분이십니다! 그런데 그 이름이 마침내 인간들 속에서 실현됐습니다. 하나님의 이름이 이 땅에 내려와서 이름을 갖게 되었습니다. 하나는 '예수' 입니다. 다른 하나는 '임마누엘' 입니다. "아들을 낳으리니 이름을 예수라 하라" (마 1:21), "보라 처녀가 잉태하여 아들을 낳을 것이요 그의 이름은 임마누엘이라 하리라"[마 1:23]. '예수'와 '임마누엘'은 이 땅에 실현된 하나님의 이름입니다! 그런데 그 의미가 우리에게 아주 중요합니다.

> 아들을 낳으리니 이름을 예수라 하라 이는 그가 자기 백성을 저희 죄에서 구원할 자이심이라… 보라 처녀가 잉태하여 아들을 낳을 것이요 그 이름은 임마누엘이라 하리라 하셨으니 이를 번역한즉 하나님이 우리와 함께 계시다 함이라[마 1:21,23].

예수든 임마누엘이든 이 두 이름에 공통점이 있습니다. 그것은 우리를 위한 이름이라는 사실입니다. '예수'는 우리를 죄에서 구원하는 이름이고, '임마누엘'은 우리와 함께하시겠다는 이름입니다. 둘 다 우리를 위한 이름입니다. 3절에 나오는 '자기 이름을 위하여'의 자기 이름은 결국 우리를 위한 이름이었습니다.

따라서 '자기 이름'은 하나님 사랑의 이름입니다. 그 하나님의 사랑의 그늘이 오늘 우리에게까지 와서 닿아 있습니다. 그것이 의의 길입니다. 의로우신 하나님께서 자리하고 계신 곳, 그곳이 의의 자리이고 그곳으로 향하는 길이 의의 길입니다.

의의 길로 인도하시는도다

의의 길은 내가 의로운 길로 가겠다고 작정하고 들어서는 길이 아닙니다. 하나님의 사랑의 그늘에서 벗어나지 않고 '따라 걸어가는 길'이 바로 의의 길입니다. 그 길에서 내가 나를 의롭게 해야 하는 일은 전혀 없습니다. 그냥 그 의의 길 안에만 들어 있으면 됩니다. 그러면 그저 의롭게 됩니다. 이것을 가리켜 사도 바울은 "사람이 의롭다 하심을 얻는 것"(롬 3:28)이라고 표현했습니다. 그러면서 "일한 것이 없이 하나님께 의로 여기심을 받는 사람의 행복"(롬 4:6 참조)을 말했습니다.

내가 나를 의롭게 만드는 것이 아닙니다. 우리에게는 그럴 만한 능력도 없습니다. 설령 내가 나를 의롭게 만들었노라면, 그것은 하나님의 의가 아니라 단지 자기가 생각한 '자기 의'에 불과한 것입니다. '이 정도 하면 사람들에게 괜찮은 사람으로 보일 거야.' 이것이 자기가 생각해 낸 자기의 의입니다.

그런데 다윗이 말하는 의의 길은 그렇게 좀 괜찮은 정도의 의를 말하는 것이 아니라 하나님의 의, 즉 하나님의 거룩함의 자리를 말합니다. 하나님의 이 거룩한 자리에까지 누가 스스로 걸어갈 수 있겠습니까? 우리는 감히 못합니다. 그러나 하나님 사랑의 그늘에 머물러 있는 것, 그것이 의의 길에 서 있는 것입니다. 그 길로 하나님이 인도하신다는 말씀입니다.

하나님께서 그렇게 하시는 이유는 '자기 이름을 위해서' 입니다. 그런데 이 말씀이 신약에 와서 우리 가운데 임하시면서 '우리를 위하여'가 되었습니다. 그것이 '예수'고, 그것이 '임마누엘'입니다. 그것이 하나님의 사랑이고, 그 하나님의 사랑에 머무는 것이 의의 길로 걸어가는 것입니다. 이 모든 것을 하나님께서 주도하십니다.

이것이 다윗이 발견한 목자 하나님 여호와입니다. 이것이 1절부터 3절까지의 핵심입니다. 다윗은 이 사실을 액면 그대로 믿고 이렇게 고백합니다.

하나님, 당신이 자기 이름을 위해서 나를 의의 길로 인도하신다고 하셨으니, 나도 거기에 동의합니다. 하나님이 내 인생의 주인공이십니다. 나는 하나님 사랑의 그늘에 그냥 있겠습니다! 나는 나를 의롭게 만들 만큼 능력자가 아닙니다. 하나님의 의를 그냥 힘입어 살겠습니다! 하나님의 의로 나를 덮으십시오. 하나님의 의가 내 의가 되게 해주십시오. 하나님의 거룩하심으로 나를 거룩하게 만들어 주십시오.

나는 나를 거룩하게 만들 수 없습니다. 내가 할 수 있는 일은 아무 것도 없습니다. 하나님, 나는 무능한 양입니다. 유능한 목자이신 주님께서 내 인생을 책임져 주십시오!

'자기 이름을 위하여'는 하나님이 우리 인생의 주인공이라는 사실을 선언하는 말씀이면서 동시에 우리를 위한 하나님 사랑의 선언이기도 합니다.

그런데 이 사실을 몰랐던 무리들이 있었습니다. 바벨탑의 사람들입니다. 그들은 이미 하나님에게 화가 나 있었습니다. 그들은 홍수로 고생했던 일을 못내 억울해하고 있었습니다. 한두 사람씩 서로 이야기를 하다보니까 모두들 억울하게 생각하고 있었던 것을 알았고 그래서 조합을 결성해서 하나님께 대항하기로 작정했습니다. 그리고 기공식 날,

하나님을 향해 이렇게 선언했습니다.

> 성과 대를 쌓아 대 꼭대기를 하늘에 닿게하여 우리 이름을 내고 온 지면에 흩어짐을 면하자 (창 11:4).

그때나 지금이나 하나님의 이름을 싫어하는 사람들은 여전합니다. 그들은 하나님의 이름 대신 '내 이름'을 내고 싶어합니다. 그러면서 하나님께 대항합니다. 그러나 그들은 모릅니다. 잠시 후에 자기 문패가 붙은 집이 무너지게 된다는 사실을 말입니다. 하나님의 이름 앞에 머리를 숙이는 것은 자존심 상하는 일이 아닙니다. 그것은 자기의 영혼을 소생시키시는 목자를 부르는 양의 신음소리와도 같습니다.

천 길 낭떠러지에서

천 길 낭떠러지에 떨어진 양이 할 수 있는 일은 아무 것도 없습니다. 그냥 신음소리만 낼 뿐입니다. 그런데 그 소리가 목자에게는 '내가 여기 있다'는 구조신호음과도 같습니다.

그 가냘프고 죽어 가는 작은 신호음을 목자는 들을 수 있습니다. 건너방에서 자다가 훌쩍거리는 아이의 소리를 아이의 엄마만 듣는 것과 같습니다. 그 목자는 천 길 낭떠러지 밑에까지 내려와서 그 양을 찾아낼 것입니다. 양에게는 목자인 자기밖에는 방법이 없다는 사실을 누구보다 목자가 더 잘 알고 있기 때문입니다.

다시 말씀드리지만, 시편 23편의 시가 2절에서 멈추고, 거기서만 같은 상황이 계속 된다면 얼마나 좋겠습니까? 아니면 3절, 4절, 5절 건너뛰고 곧바로 6절로 넘어가면 얼마나 좋겠습니까? 그러나 그것은 우리의 인생이 아닙니다. 그것은 우리의 실제 상황이 아니라 단지 해피엔딩으로 끝나는 영화 속 가상현실에 불과합니다.

우리의 현실은 때로는 아주 냉혹하고, 때로는 아주 잔인하기까지 합니다. 내가 무슨 죄가 그렇게 많다고 나만 가지고 그러는지 모르겠다고 한숨 짓는 것이 우리가 사는 현실입니다. 우리의 현실은 하루에도 수백 번 우리를 천 길 낭떠러지에 떨어뜨렸다 올렸다 하는 세상입니다. 우리의 현실은 겨우 도착한 푸른 초장, 쉴 만한 물가에서 다시는 벗어나지 않겠다고 발버둥친다고, 날마다 거기서만 살도록 내버려 두는 마음씨 좋은 이웃집 아저씨가 아닙니다. 오히려 세상은 우리가 하나님의 푸른 초장과 하나님의 쉴 만한 물가에서 행복하게, 충만하게 사는 꼴을 못 봐주고 배 아파하는 못된 이웃집 사촌입니다.

그 놈이 바로 사탄입니다. 사탄은 겨우 도착한 하나님의 푸른 초장의 풍성함을 질투합니다. 사탄은 우리가 힘들게 찾은 하나님의 쉴 만한 물가를 금새 흙탕물로 휘젓는 놈입니다. 그래서 당황해하고 안쓰러워하는 우리를 보고 회심의 미소를 짓는 놈입니다. 사탄은 우리가 하나님의 것들을 누리는 모습을 눈뜨고 보지 못합니다. 어떻게 해서든지 훼방을 놓으려고 합니다. 그래서 다윗은 목자이신 하나님을 또 붙들었습니다.

하나님, 당신의 이름을 위해서라도 나를 다시 도와주십시오. 당신의 이름을 위해서라도 내 영혼을 다시 살려 주십시오. 하나님, 당신의 이름을 위해서라도 나를 의의 길로 다시 들어서게 해주십시오. 하나님, 당신은 나의 주인이십니다. 당신은 내 인생의 주인공이십니다!

예상치 못했던 천 길 낭떠러지를 좋아하는 사람은 아무도 없습니다. 그러나 우리 인생에 천 길 낭떠러지는 날마다 있습니다. 어쩌면 내가 발 딛고 서 있는 곳 바로 밑이 천 길 낭떠러지일 수도 있습니다. 그러나 염려하지 마십시오. 우리에게는 우리의 목자가 따로 있기 때문입니다.

여호와가 우리의 목자이십니다. 물론 목자가 아무리 잘 살펴도 양은 언제라도 천 길 낭떠러지 밑으로 떨어질 수 있습니다. 그러나 그 양에게 목자가 있으면 문제될 게 없습니다! 그 목자가 나를 찾으러 낭떠러지 밑으로 내려올 것이기 때문입니다.

나조차 내가 지금 어디에 떨어져 있는지 모르고 그냥 끙끙거리면서 고통당하고 있을 때, 목자는 나의 신음소리를 민감하게 들으실 것입니다. 내 신음소리가 목자에게는 구조 신호음으로 들릴 것입니다. 그렇게만 된다면 우리도 다윗처럼 3절의 노래를 힘껏 부를 수 있습니다.

내 영혼을 소생시키시고 자기 이름을 위하여 의의 길로 인도하시는도다!

지금 지치셨습니까? 하나님께서 지친 당신의 영혼을 다시 일으켜 주실 것입니다. 그 주님을 바라보면서, 그냥 아프다고, 내 영혼이 지금 너무 힘들다고, 그런데 내 영혼을 위해서 나는 아무 것도 할 수 없다고 거기서 그냥 신음하십시오. 그러면 목자이신 하나님께서 당신을 찾으러 천 길 낭떠러지 밑으로 내려오실 것입니다.

그렇게 찾아오실 하나님을 만나야 합니다. 하나님은 당신의 목자이십니다! 하나님만이 당신의 목자이십니다! 그가 당신의 영혼을 소생시키시고, 그가 자기의 이름을 위하여 당신을 의의 길로 인도하실 것입니다!

하나님 앞에서 그냥 아프다고,
내 영혼이 지금 너무 힘들다고
그 자리에서 신음하십시오.
그러면 목자이신 하나님께서
당신을 찾으러 천 길 낭떠러지
밑으로 내려오실 것입니다.

SHARING & CHECK
말씀 나눔과 점검

1. 하나님은 당신의 목자입니까, 아니면 단지 당신의 행복도우미 정도입니까?

2. 당신의 믿음이나 영적 상태를 떨어뜨리기 위해서 당신을 끊임없이 공격하는 요소는 무엇입니까?

3. 하나님을 주인공 되게 하는 사람은 어떤 사람입니까?

4. '자신의 무능함을 인정하는 것이 하나님의 거룩함을 힘입는 일'이라는 말씀이 어떻게 이해됐습니까?

5. 3절 말씀이 당신에게 준 중요한 메시지는 무엇입니까?

CHAPTER 4

24시간 목자를 만나고 있는 양

"나는 하나님과 친밀한 사람인가,
단지 하나님을 필요로 하는 사람인가?"

내가 사망의 음침한
골짜기로 다닐찌라도
해를 두려워하지 않을 것은
주께서 나와 함께하심이라
주의 지팡이와 막대기가
나를 안위하시나이다.
– 시편 23:4

바다을 드러낸 초장

2장의 제목이 '오늘의 목자를 만나는 양'이었습니다. 4장의 제목은 '24시간 목자를 만나고 있는 양'입니다. 둘 다 거의 비슷한 제목 같은데, 그 안의 내용은 조금 다릅니다.

2절을 그려 본다면 푸른 초장과 쉴 만한 물가에 머물고 있는 그림이 될 것입니다. 더 할 수 없는 풍요로움과 여유를 마음껏 누리고 있는 그림입니다. 더 이상의 염려나 근심 없이 모든 것을 목자에게 맡긴 양은 두 다리 쭉 뻗고 잠을 자거나 시원한 물가에서 쉬고 있습니다. 더 이상 바랄 게 없습니다. 여기까지가 2절입니다.

그러나 좋던 그 시간도 이제 다 지났습니다. 거기서 며칠 실컷 먹고 쉬면서 즐겼더니 풍성했던 풀밭이 점점 비기 시작했습니다. 더 이상 그 풀밭은 양에게 좋은 초장이 되지 못합니다. 목자는 이제 또 다른 초장을 찾아 길을 나서야만 했습니다. 다행히 목자는 어디로 가야 자기 양이 또 좋은 풀을 먹고 시원한 물을 마실 수 있는지 알고 있습니다. 그곳을 향해 길을 나섰습니다.

그런데 그곳까지 가는 길은 쉽고 안전한 길이 아니었습니다. 때로는 가슴까지 차오르는 강을 건너야 하고, 몸을 바짝 붙여야 겨우 지날 수 있는 벼랑 끝 난간 길도 걸어야 했습니다. 때로는 한줄기 햇빛조차 들지 않는 깊고 어둑한 골짜기도 지나야 했습니다.

어제와 같은 푸른 초장과 쉴 만한 물가를 찾으려면 어쩔 수 없는 코스였습니다. 목자도 이 코스가 양들에게 얼마나 어렵고 위험한지 잘 알고 있습니다. 그러나 양들을 다음 초장으로 데려가려면 이 길밖에 없습니다. 목자도 이번에는 지난번보다 더 신경 써서 좌우로 양들을 살피면서 조심조심 이끌어 가고 있습니다. 이것이 4절의 모습입니다.

이제껏 2절의 푸른 초장과 쉴 만한 물가가 얼마나 좋았습니까? 사실 그 푸른 초장과 쉴 만한 물가까지 얼마나 힘들고 어렵게 온 겁니까? 2절의 푸른 초장, 쉴 만한 물가에 오기까지 양들은 이미 4절의 사망의 음침한 골짜기 같은 곳을 여러 차례 지나야 했을 것입니다. 여기 오기까지 중간에 오랫동안 배도 많이 고프고 목도 많이 말랐을 것입니다.

그렇게 겨우겨우 찾아온 곳이 2절의 푸른 초장과 쉴 만한 물가였습니다. 그리고 한동안 그곳에서 더 이상 바랄 것이 없을 정도로 행복했습니다. 세상 부러울 것이 없었고, 더 이상 필요한 것도 없었습니다. 얼마나 좋았던지 거기서 양들이 노래를 한 곡 지어서 불렀습니다. 제목을 붙였다면 '오늘만 같아라!' 쯤 될 것입니다. 후렴 가사는 이렇게 반복되겠지요.

오늘만 같아라, 이곳만 같아라.
오늘만 같아라, 이곳만 같아라.
나 영원히 여기서 살리라.

그러면서 꿈 같던 여러 날이 지났습니다. 그런데 시간이 지날수록 그렇게 푸르렀던 풀밭이 점점 바닥을 드러내기 시작했습니다. 우기가 지나고 건기가 시작되면서 시원하던 물가도 점점 마르기 시작했습니다. 양들은 서로 싸우기 시작했고, 배고프다고 울기 시작했습니다. 그곳은 이제 더 이상 그들에게 푸른 초장, 쉴 만한 물가가 아니었습니다. 그곳은 어느덧 떠나야만 하는 메마른 땅과 가파른 자갈 계곡이 되고 말았습니다.

이것이 오늘 우리가 살고 있는 이 땅입니다. 세상이 그런 곳입니다. 물론 그곳도 목자이신 하나님께서 인도해 주신 곳입니다. 거기가 푸른 초장이고, 거기가 쉴 만한 물가입니다. 그러나 푸른 초장과 쉴 만한 물가도, 그것이 '이 땅'에 있는 것이라면 영원할 수 없습니다 '이 세상'에는 영원히 먹고 마실 수 있는 푸른 초장과 쉴 만한 물가는 없습니다. 잠깐 동안이고, 잠시 쉬는 겁니다. 잠시 후에는 또다시 길을 나서야 합니다. 한동안 누렸던 자리를 떠나 이동해야 합니다. 이것이 4절의 말씀입니다.

하나님 붙들고 아무리 믿음으로만 산다고 해도, 우리는 2절의 푸른 초장과 쉴 만한 물가에서만 살게 되어 있지 않습니다. 여기는 천국이 아니라 세상이기 때문입니다. 천국에서의 푸른 초장과 쉴 만한 물가는 영원하지만 이 땅에서 얻은 푸른 초장과 쉴 만한 물가는 영원하지 않습니다. 이것이 바로 우리 인생이 뒤엎어지는 까닭입니다.

  천국에서는 기대하지 않게, 예상치 않게 뒤엎어지는 일이 결코 없기 때문에 불안이라고 하는 것이 전혀 없습니다. 그곳에는 안정만이 있고 걱정이나 염려 같은 일은 전혀 일어나지 않습니다. 그래서 그곳을 천국, '하나님의 나라' 라고 합니다.

  그러나 우리가 살고 있는 이 세상은 잠시의 안정만이 있을 뿐입니다. 어느 날 평온하던 가정이 뒤집혀지기도 하고, 어느 날 잘 다니던 직장이 뒤집혀지기도 하고, 어느 날 믿었던 사랑에 배신당하기도 합니다. 우리는 이 세상에서 살면서 태풍 만난 바닷물 속처럼 한바탕 난리를 겪으면서 뒤집혀지는 일을 자주 겪습니다. 그래서 우리는 살면서 지금은 괜찮더라도 내일 무슨 일이 일어나지 않을까 늘 염려하게 됩니다. 그게 오늘 우리들의 모습입니다.

  얼마나 힘들고 어렵게 2절의 푸른 초장, 쉴 만한 물가까지 왔는데, 또다시 내일의 푸른 초장과 내일의 쉴 만한 물가를 찾아 길을 나서야만 합니다. 그런데 바로 그 '오늘의 초장'과 '내일의 푸른 초장' 사이에 '사망의 음침한 골짜기'가 있습니다! 푸른 초장에만 있으면 얼마나 좋겠습니까? 다시 말하지만, 영원히 계속되는 푸른 초장은 없습니다.

'오늘의 푸른 초장'과 '내일의 푸른 초장' 사이에 있는 '사망의 음침한 골짜기'가 우리에게 늘 문제입니다. 푸른 초장에 머무를 때는 아무런 문제가 없습니다. 마음 편히 발 뻗고 자면 됩니다. 그런데 '사망의 음침한 골짜기'를 지나가는 동안에는 푸른 초장에서 누린 안정과 여유와 기쁨을 잃게 됩니다. 우리의 숙제가 바로 이 중간에 갖게 될 시간입니다.

예컨대 하루 24시간 중, 오늘의 초장에 8시간 머물고, 내일의 초장에 8시간 머물게 된다면, 그 중간에 있는 8시간이 바로 '사망의 음침한 골짜기의 시간'입니다.

흔히 하는 말로, 하나님의 은혜가 떨어진 시간입니다. 믿음을 놓친 시간입니다. 믿고 있는 시간이기보다는 어쩌지 하고 염려하는 시간입니다. 예배의 감동이 식어 버린 시간입니다. 하나님의 말씀을 잊고 사는 시간입니다. 하나님에 대한 집중력이 떨어진 시간입니다. 하나님을 향한 주파수가 맞지 않아 내 영혼이 삐꺽거리는 시간입니다. 그것이 '사망의 음침한 골짜기 8시간' 입니다.

이 시간은 죽음과 같은 두려움의 시간입니다. 염려의 시간입니다. 외로움의 시간입니다. 그것이 두려움이든, 염려든, 외로움이든 우리에게는 힘든 시간임에 틀림없습니다. 그 시간은 우리의 영혼이 갉아먹히는 시간입니다. 그 시간은 우리의 믿음이 패대기쳐지는 시간입니다. 그 시간은 사탄이 달려들어서 "너라고 별 수 있냐?"라면서 우리에게 깐죽거리는 시간입니다. 그 시간은 우리의 영혼이 천 길 낭떠러지 밑으로 처박히는 시간입니다. 그것이 바로 '사망의 음침한 골짜기 시간' 입니다.

지금 양 한 마리가 바로 여기를 지나고 있는 것입니다. 그런데 이 시간만 잘 해결하면 오늘의 초장 8시간이 내일의 초장 8시간으로 계속 이어져 푸른 초장의 24시간이 될 수도 있습니다. 오늘 다윗이 바로 이 일을 해냈습니다. 그에게 하루 24시간이 푸른 초장, 쉴 만한 물가의 시간이 된 것입니다! 중간에 사망의 음침한 골짜기를 지나고 있는데도 말입니다! 다윗이 그렇게 할 수 있었던 것은, 24시간 동안 하나님과 만나고 있었기 때문입니다!

2절의 그림이 푸른 초장과 쉴 만한 물가에 도착해서 누리는 풍요로움을 보여 준다면, 4절의 그림은 우리에게 안정감과 든든함의 평안을 줍니다. 그러나 그 사이에는 절박한 긴장감과 죽음이 다가오는 듯한 두려움이 흐르고 있습니다. 사망의 음침한 골짜기가 바로 그것입니다.

사망의 음침한 골짜기
vs 주의 지팡이와 막대기

목자가 양들을 위해서 아무리 신경을 쓰고 이리저리 잘 인도해 간다 하더라도, 양들의 입장에서 볼 때 이 코스는 정말 죽음의 코스입니다. 양은 꾀도 없고 지혜도 없습니다. 자기 앞에 어떤 일이 기다리고 있는지도 전혀 알지 못합니다. 양들이 알고 있는 것은 지금 당장 자기 눈앞에서 일어나는 일

뿐입니다. 그러면서도 양은 눈앞에 일어나는 일들에 대해 아무런 조치를 취하지 못합니다. 자기가 지금 사망의 음침한 골짜기를 지나고 있는데도 스스로 아무런 일도 하지 못합니다. 그게 양입니다.

그렇게 무능한 양이지만, 4절의 양은 아주 태연스럽기만 합니다. 눈에 보이는 것은 사망의 음침한 골짜기인데, 속으로는 전혀 요동이 없습니다. 저 앞에 목자가 보이기 때문입니다. 그리고 목자 손에 들린 지팡이가 자기를 보호해 줄 막대기로 보였기 때문입니다. 4절의 양 눈에는 사망의 음침한 골짜기보다는 목자와 그 목자의 막대기가 더 크고 힘이 있어 보입니다. 그러니 염려할 필요가 없는 것입니다.

목자의 지팡이는 지난번에 머물렀던 푸른 초장, 쉴 만한 물가에서도 있었습니다. 그런데 그 지팡이가 지금은 사망의 음침한 골짜기에 있습니다! 그러고 보니 그 지팡이는 24시간 자기 곁에 있었던 지팡이와 막대기였습니다!

바뀐 것은 지팡이, 막대기가 아니라 단지 환경뿐이었습니다. 자기만 지금 푸른 초장, 쉴 만한 물가에서 사망의 음침한 골짜기에 있는 것일 뿐, 그 지팡이와 막대기는 그때나 지금이나 매한가지라는 사실입니다. 그래서 둔하기 짝이 없는 양도 그나마 재빨리 머리를 굴려 봅니다.

내가 푸른 초장에 있을 때도 저 막대기가 나를 지켜 줬는데, 지금 이 죽음의 골짜기에서도 저 막대기가 나를 지켜 주겠구나! 그렇다면 됐다. 그때나 지금이나 나는 안전할 거야!

머리 나쁜 양도 이 정도 머리 굴릴 줄은 압니다. 그런데 아쉽게도 우리가 이 계산을 못하고 삽니다. 왜냐하면 우리는 상황 판단과 수지 타산 계산을 너무 빨리 잘하기 때문입니다. 주의 지팡이를 보는 것이 아니라 자기의 상황을 보고 살기 때문에 그렇습니다. 그래서 나의 상황이 좋으면 하나님도 좋은 분이 되지만, 나의 상황이 좋지 않으면 하나님도 무능한 분이 되고 맙니다.

우리가 하나님을 그렇게 만듭니다. 그러니 우리는 양만도 못한 사람들입니다. 평상시에는 양보다 머리가 좋은데 정작 믿음이 필요할 때는 양보다 못합니다. 양은 단순해서 주인의 막대기만 바라봅니다. 그런데 우리는 복잡해서 환경을 더 많이 보고 그것을 계산해 냅니다. 그러면 답은 '이번

엔 안 돼!' 입니다. 그래서 염려하고, 그래서 기가 죽고, 그래서 두려워하며 잠도 못 잡니다.

우리는 하나님의 진짜 양이 되기에는 아직 멀었습니다. 하나님을 목자라고 말하는 양이 되기에 우리는 너무 똑똑하고 너무 생각이 많습니다. 이것이 우리의 병입니다. 우리는 정말 하나님의 양 노릇을 잘 못 합니다. 하나님의 비서실장으로는 훈련이 잘 되어 있는데, 하나님의 양으로는 전혀 훈련이 되어 있지 않습니다.

다윗의 노래를 다시 들어보십시오.

내가 사망의 음침한 골짜기를 다닐찌라도… 주의 지팡이와 막대기가 나를 안위하시나이다!

그러면서 다윗이 인정한 것이 있었습니다. 3절의 '내 영혼을 소생시키시고' 입니다. '소생시킨다' 라는 말에서 '다시 살려낸다' 는 의미가 중요하다고 앞서 말했습니다. 우리가 푸른 초장에서 잘 먹고 잘 지내다가, 다음번 초장으로 이동할 때 깜빡 졸아서 천 길 낭떠러지에 떨어지고 말았습니다. 낭떠러지 아래에서 겨우 숨이 붙어 있는 나를 목자가 내려와서 다시 살려 주셨다는 고백이 바로 '내 영혼을 소생시키시고'입니다.

다윗도 천 길 낭떠러지에 떨어지는 것과 같은 일을 겪었습니다. 때로는 자기를 죽이려는 온갖 음모로 가득한 죽음의 골짜기를 지나가야만 했지만, 그럼에도 불구하고 그는 마음이 든든하다고 얘기합니다. 그것이 '나를 안위하시나이다'라는 고백입니다. 이것은 '내가 부족함이 없으리로다'라는 1절의 고백과 똑같은 고백입니다.

다윗이 천 길 낭떠러지 경험과, 죽음의 골짜기 경험 속에서도 이런 고백을 할 수 있었던 이유는 단 한 가지였습니다. 다윗은 자기가 낭떠러지에 떨어진 것보다, 지금 죽음의 골짜기를 지나가고 있는 것보다 주의 지팡이와 막대기를 먼저 보았습니다. 그리고 그것을 우선시했습니다.

다윗에게 목자의 지팡이는 이렇게 보였습니다. '나는 너를 위해 있는 목자다! 내가 가진 이 지팡이는 너를 위한 막대기다!' 목자의 지팡이는 양을 위한 목자의 선언과도 같은 것이었습니다. 목자의 그 선언에 양인 다윗은 이렇게 대답했습니다. "아멘!"

그랬더니 목자로부터 답이 왔습니다. '나를 안위하시나이다!'에 그 답이 들어 있습니다. 다시 말하면, '목자이신 여호와 하나님 덕분에 나에게 평안이 왔습니다. 나는 죽음의 골짜기를 지나면서도 마음이 평안합니다. 그러니 나는 부족한 것이 없는 사람입니다!' 이 고백 전체가 '내가 사망의 음침한 골짜기를 다닐찌라도, 주의 지팡이와 막대기가 나를 안위하시나이다'라는 4절의 노래에 담겨 있습니다.

두려움 vs 든든함

그렇다고 다윗이 어려움을 감지하는 능력이 떨어졌던 무딘 사람은 아니었습니다. 오히려 다윗은 아주 예민한 사람이었습니다. 그는 음악가이자 시인이었습니다. 그는 웬만한 사람은 훌쩍 뛰어넘는 특별한 예민함을 가진 뛰어난 예술가이자 영성의 대가였습니다.

다윗의 시를 읽어 보면, 인간 내면의 심리가 다 녹아 있습니다. 다윗의 노래를 들어 보면, 인간이 느낄 수 있는 온갖 감정들이 다 들어 있습니다. 다윗의 기도를 듣고 있노라면,

그는 하나님의 면전에 앉아 있던 사람이었습니다. 다윗의 얘기를 들어 보면, 그는 하나님과 대화하는 사람이었습니다. 다윗의 감정과 느낌은 아주 예민하고 정확했습니다.

그런 다윗이 지금 이렇게 노래합니다. '해를 두려워하지 않는다!' 여호와가 나의 목자시니 내가 어떤 해도 당하지 않는다는 이야기가 아닙니다. 그 해가 가볍거나 하찮은 수준의 것이라는 이야기도 아닙니다. 다윗이 느꼈던 해(害, evil)는 아마 우리가 그런 상황에서 느끼게 될 해와 똑같을 것입니다. 단지 다윗은 그 해를 두려워하지 않는다고 했을 뿐입니다.

우리가 믿음을 가지고 나아간다 해서 두려움이라는 것 자체가 없어지는 것은 아닙니다. 믿음은 우리에게 두려움을 완전히 없애 주는 것이 아니라, 할 필요가 없는 것을 두려워하지 않게 해줍니다.

우리가 살고 있는 세상은 두려움이 없는 곳이 아닙니다. 오히려 이 세상은 우리를 협박하고 날마다 두렵게 만듭니다. 내일 일을 걱정하게 만들고, 가야 하는 길을 두려워하게 만듭니다. 혹시나 하는 실패마저 두려워하게 만들고, 시작도 안 된 미래를 미리 두려워하게 만듭니다.

이것이 우리가 짊어진 두려움의 짐입니다. 그런데 두려움은 겉으로 드러나 보이는 짐이 아니라 우리 속에서 우리를 짓누르는 짐입니다. 그래서 남모르게 각자 겪어야 하는 짐이기도 합니다. 누가 두려워하라고 하지도 않았는데 자기도 모르게 그냥 두려워지는 것입니다.

그런데 다윗은 지금 사망의 음침한 골짜기를 지나면서도 '나는 해를 두려워하지 않는다' 고 말합니다. 두려움이 없다는 것이 아니라 두렵기는 하지만 두려워하지 않을 뿐이라는 뜻입니다. 이것은 두려움을 느끼지 않는다는 것이 아니라, 두려워하지 않겠다는 강한 의지를 말합니다. 다윗의 이 강한 의지는 그의 믿음이 됐습니다.

다윗의 믿음은 그가 무엇을 바라봤느냐에 달려 있었습니다. 그가 바라본 것은 죽음의 골짜기가 아니라 주의 지팡이와 막대기였습니다. 그러면서 다윗은 오늘 우리들에게 두려울 때 어디를 봐야 할지, 무엇을 봐야 할지 교훈하고 있습니다. 바로 주의 지팡이와 주의 막대기입니다. 다윗이 주의 지팡이와 막대기를 아주 의도적으로 바라봤다는 사실을 놓쳐서는 안 됩니다.

믿음은 때로 우리의 강한 의지를 필요로 합니다. 그냥 눈앞에 들어오는 것을 보자면 양쪽에 늘어선 죽음의 골짜기뿐입니다. 그런데 다윗은 시선을 좀 더 앞으로 내밀어서 저 앞에 서 있는 목자와 그의 두 손에 들려 있는 지팡이와 막대기를 '쳐다봤습니다!' 이것은 다윗이 스스로 그렇게 하기로 결단한 일입니다. 그러자 앞에 있던 목자가 보였고, 그가 들고 있는 지팡이와 막대기가 자기를 지켜줄 막강한 무기로 보였습니다!

우리에게 있어서 약점이 바로 이런 데 있습니다. 우리는 두려운 일이 생길 때, 습관적으로 우리를 두렵게 하는 바로 그 일을 봅니다. 우리를 두렵게 하는 그 일은 시간이 지나면 지날수록 우리를 점점 더 두렵게 만듭니다. 처음에는 '좀 염려가 된다'는 정도로 시작됐다가 마침내는 '두려워 죽겠다'로 끝납니다. 그러면서 백기를 들고 그 앞에서 포기하고 맙니다. 그리고 나서야 비로소 하나님께 살려 달라고 기도하기 시작합니다.

그러나 그때 드리는 기도는 이미 늦은 것입니다. 사탄이 이미 휘파람을 불어 버렸기 때문입니다. 사탄이 휘파람을 불기 전에 하나님을 봤어야 했는데, 사탄의 변신인 두려움을 먼저 봐 버린 겁니다. 그러면서 나를 위해 지팡이와 막대기를 들고 서 계신 하나님을 놓치고 만 겁니다. 사탄이 두려움이라는 가면을 쓰고 뒤편에 숨어서 우리를 속이고 있었는데 그걸 못 본 겁니다.

이런 것이 우리의 습관입니다. 세상에는 우리를 두렵게 하는 것들이 얼마나 많은지 모릅니다. 그럴 때마다 이제 우리가 해야 할 일이 있습니다. 그것은 두려움의 대상, 그것을 보는 것이 아니라 내가 얻어야 할 해답의 통로를 보는 것입니다. 나의 해답이 어디서 와야 할지, 그걸 봐야 합니다.

나의 해답은 예수 그리스도에게 있습니다. 성경은 "믿음의 주요 또 온전케 하시는 이인 예수를 바라보자"(히 12:2)고 말합니다. 오늘 우리가 바라봐야 할 대상이 어디에 있는지, 누구신지 성경은 아주 분명하게 말씀하고 있습니다. 바로 예수 그리스도십니다. 특별히 우리가 두려움을 느낄 때일수록 그렇습니다. 예수님도 우리가 경험하고 있는 두려움이라는 것을 직접 경험하셨기 때문입니다.

예수님에게도 두려움의 경험이 있었습니다. 그것은 겟세마네에서 느끼셨던 두려움입니다. 예수님께서 십자가를 지시기 전 마지막으로 드린 겟세마네 기도는 두려움에서 시작된 기도였습니다. 그때 예수님께서 얼마나 절박하게 기도하셨으면 "땀이 땅에 떨어지는 피방울 같이"(눅 22:44) 되었다고 했을까요?

이것은 의학적으로도 가능한 일이라고 합니다. 의학용어로 혈한증(hematidrosis)이라고 하는데, 사람이 극심하게 걱정을 하면 체내에서 화학물질이 분출되면서 땀샘의 모세관이 파괴되는데, 그때 땀에 피가 섞여 나오는 증상이 나타난다고 합니다. 그러므로 십자가를 앞둔 예수님의 두려움은 처상이 두려움이었다고 할 수 있습니다. 물론 예수님은 하나님의 뜻에 순종하심으로 두려움의 순간을 잘 넘기고 십자가를 지셨습니다.

성경에 기록된 이 부분은 참으로 정직한 기록이 아닐 수 없습니다. 하나님이신 예수님조차도 극도의 두려움을 직접 경험하셨다는 사실을 있는 그대로 쓰다니요. 저는 예수님께서 두려움의 실체를 숨기지 않고 정직하게 드러내셨다는 사실이 참 감사하고 좋습니다. 예수님께서 오늘 우리가 느끼는 두려움의 실체를 알고 우리를 이해해 주실 것이기 때문입니다. 물론 예수님은 그런 두려움을 몸소 겪지 않았어도 우리의 두려움이 어떤 것인지 충분히 알 수 있는 분이십니다. 그러나 이제 예수님은 우리의 두려움을 경험적으로 이해하는 분이 되셨습니다.

예수님조차도 두려움을 숨기지 않으셨습니다. 물론 두려움에 지지도 않으셨습니다. 어쩌면 오늘 우리는 두려움이란 감정을 드러내는 데 있어서 오히려 정직하지 못할 때가 있습니다. 사람들은 자기가 두려워하고 있다는 사실을 종종 숨깁니다. 남이 내 손바닥의 땀을 알아챌까 봐 몰래 닦기도 합니다. 내가 초조해하고 있는 것을 들킬까 봐 마른 입술을 몰래 혀로 적시기도 합니다. 자기가 두려워하고 있다는 사실을 상대방이 알아차리면 지는 걸로 생각하기 때문입니다.

그런데 예수님은 강한 척하는 가면을 쓰지 않으셨습니다. 대신 예수님은 당신에게 힘을 달라고, 이 두려움의 순간을 잘 넘기게 해달라고 간구하셨습니다. 예수님은 당신의 두려움 앞에 정직하셨습니다. 예수님에게 두려움이라고 하는 것이 아예 없었던 것이 아니라, 두려움을 느끼셨지만 그것에 진 것이 아니었다는 사실을 기억하십시오.

이것이 다윗이 말한 바 '해를 두려워하지 않을 것은'이라는 고백의 의미입니다. 다윗은 두려움의 골짜기를 바라본 것이 아니라 자기 목자의 지팡이와 자기 목자의 막대기를 바라봤습니다. 자기가 처해 있는 상황은 두려움의 골짜기였지만, 다윗이 거기서 경험하고 있는 실제는 든든함과 안정감이었습니다.

오늘 우리에게도 두려움의 시간과 두려움의 현장들이 얼마나 많은지 모릅니다. 그럴 때마다 어떻게 반응하십니까?

여기에는 두 종류의 사람이 있습니다. 한 사람은 자기를 두렵게 하는 '그것'을 봅니다! 그러면 자동적으로 몸과 마음이 떨려 옵니다. 두려움이 그를 덮어 버립니다. 그 결과 그는 두려움에 갇힌 사람이 되고 맙니다.

그런데 다른 한 사람은 그 두려움의 '해결자'를 봅니다! 다윗으로 말하자면, 당장에는 지팡이와 막대기를 보았고, 조금 여유를 부리면 그 지팡이와 막대기를 들고 서 있는 목자를 보았습니다! 지팡이와 막대기를 들고 서 있는 목자는 다윗에게 두려움의 해결자였습니다. 당신에게도 두려움의 해결자가 있습니까?

다윗이 블레셋 적군에게 잡혔을 때를 노래했던 시가 하나 있습니다. 시편 56편입니다. 거기서 다윗은 이렇게 간구합니다.

> 하나님이여 나를 긍휼히 여기소서 사람이 나를 삼키려고 종일 치며 압제하나이다 나의 원수가 종일 나를 삼키려 하며 나를 교만히 치는 자 많사오니 내가 두려워하는 날에는 주를 의지하리이다 (시 56:1-3).

예수님은 두려움의 문제를 하나님 앞으로 가지고 나아갔습니다. 해답이 하나님 아버지에게 있다는 것을 알았기 때문입니다. 예수님의 두려움은 혼자서 해결할 수 있는 그런 것이 아니었습니다. 그 해답은 오직 하나님 아버지에게 있었습니다.

오늘 다윗도 그랬습니다. '내가 두려워하는 날에는 주를 의지하리이다'라고 간구하고 있습니다. 적군 속에서 그가 의지할 수 있는 것은 오직 하나님 한 분뿐이었습니다. 다윗은 그 하나님을 주님이라 부르면서 의지했습니다. 두려워하는 시간에 다윗은 그 문제를 가지고 주님 앞으로 갔습니다. 그리고 주님을 의지했습니다.

그러면서 다윗이 다시 확인할 수 있었던 사실이 하나 있었습니다. 그것은 '주께서 나와 함께하심이라'는 사실이었습니다. 주를 의지한다는 고백이 잠시 후에는 주께서 나와 함께하신다는 사실로 다가온 것입니다!

물론 다윗에게 있어서 주가 함께하신다는 것은 새삼스러운 일이 아닙니다. 시편 23편은 온통 하나님과의 함께하심을 노래하고 있습니다. 여호와 하나님이 나의 목자라는 고백도 그렇고, 그가 자기를 푸른 초장, 쉴 만한 물가로 인도하신다는 것도 그렇고, 그가 자기 영혼을 소생시키신다는 것도 그렇고, 그가 내 원수의 목전에서 상을 베푸신다는 것도 그렇고, 주의 선하심과 인자하심이 평생토록 자기를 따른다는 것도 그렇습니다.

그런데 4절에 나오는 '주께서 나와 함께하심이라'는 고백은 좀 특별합니다. 4절에서 그와 함께하시는 이는 두려움 속에서 만난 하나님이기 때문입니다. 4절에서 그와 함께하시는 이가 방법이 없는 자기에게 답이 되어 주신 하나님이기 때문입니다. 4절에서 다윗은 사방이 자기를 죽이려는 음모와 준비로 가득 찬 골짜기에 있었기 때문입니다. 도저히 빠져 나갈 구멍이 없었습니다. 길이 보이지 않았습니다. 앞에도 죽음의 음모가 도사리고 있었고, 뒤에도 죽음의 늪이 펼쳐져 있었습니다.

그런 다윗에게 남은 유일한 길은 앞에 있는 목자였습니다. 그런데 그 목자가 가던 길을 멈추고 두려움에 빠져 있던 자기를 돌아본 것입니다. 그 목자의 손에는 든든한 지팡이가 들려 있었습니다.

그 지팡이를 보자, 목자가 그 지팡이를 휘두르는 날에는 어떤 놈도 나를 공격하지 못할 거라는 자신감이 생겼습니다. 목자에게는 지팡이였지만 다윗에게는 막대기였습니다. 그러자 두려움의 구름이 걷히고 평안의 햇빛이 찾아왔습니다. 사망의 음침한 골짜기가 소망의 화려한 코러스 홀로 바뛰었습니다. 골짜기의 계곡을 타고 힘찬 찬송이 하늘을 향해 울려 퍼졌습니다. '주께서 나와 함께하심이라! 주께서 나와 함께하심이라!'

다윗은 외로움을 아주 많이 탔던 사람이었습니다. 시편 25편 16절을 보면 "주여 나는 외롭고 괴롭사오니 나를 긍휼히 여기소서" 하면서 애타하는 그의 모습을 볼 수 있습니다. 다윗은 또 배신도 많이 겪었습니다. 그런데 그 외로움 때문에 다윗은 하나님께로 향할 수 있었습니다. 그 외로움 때문에 하나님과 친밀함을 유지할 수 있었습니다. '주께서 나와 함께하심이라' 라는 말에서 그 사실을 알 수 있습니다.

'함께' 라는 말은 목자와 양과의 거리를 말합니다. 그러니까 이 말에는 목자와 양과의 사이가 떨어짐 없이 가까운 거리였다는 의미가 담겨 있습니다. 24시간 목자와 함께하며 목자를 신뢰하고, 목자만을 바라보는 것입니다. 이것이 24시간 목자이신 하나님을 만나고 있는 시간입니다. 그 시간은 신뢰와 안정이 확보되는 시간입니다.

그러나 함께가 아니라 '멀찍이' 라는 시간도 있습니다. 베드로가 잡히신 예수님을 멀찍이 따라갔습니다. "예수를 잡아 끌고 대제사장의 집으로 들어갈쌔 베드로가 멀찍이 따라가니라"(눅 22:54). 멀찍이는 배신의 거리이고, 저울질 하는 시간이고, 자기를 위한 옵션을 고르는 시간입니다. 그렇게 한다고 해서 좋은 답도 없습니다. 그래서 결국 그 시간은 불안한 시간이 됐고, 배신의 시간이 됐고, 가슴만 두근거리는 두려움의 시간이 됐을 뿐입니다.

선택은 오늘 나에게 달려 있습니다. '함께' 있을 것인가, 아니면 '멀찍이' 있을 것인가 선택하는 것입니다. 답은 물어볼 필요도 없습니다. 하나님과 함께한다는 말은 하나님과 친밀함을 의미합니다. 내 곁에 계신 하나님을 24시간 경험한다는 의미입니다. 70억 인구 가운데 지금 내 앞에 계신 하나님을 만난다는 의미입니다. 24시간 하나님의 심장의 고동소리를 들으며 산다는 의미입니다.

이것이 단지 문학적인 표현처럼만 들립니까? 아니면 죽음의 골짜기에서 다윗이 경험했던 안정감이 나에게도 실제가 될 것이란 기대가 생깁니까?

그 비결은 하나님과의 친밀함, 즉 하나님과 얼마나 함께 있느냐에 달려 있습니다. 우리에게 필요하며, 우리가 소망하고 기대해야 할 바는 24시간 하나님을 만나는 것입니다. 그런데 이것이 우리에게는 얼마나 실천하기 어려운 일인지 모릅니다.

한번 이렇게 물어보겠습니다. '당신은 하나님을 필요로 하는 사람입니까, 아니면 하나님과 친밀한 사람입니까?'

대부분의 사람들은 하나님을 필요로 합니다. 자기가 필요한 시간에는 하나님을 찾습니다. 그런데 그렇게 하는 시간은 하루 24시간 중 아주 짧은 시간입니다. 그래서 24시간 중에 하나님께 신경 쓰는 시간이 사실은 그렇게 길지 않습니다. 자기가 필요로 할 때만 잠깐잠깐씩 하나님을 생각합니다.

그러나 하나님께서 우리에게 원하시는 것은, 우리가 하나님을 필요로 하는 것보다는 하나님과 친밀해지는 것입니다. 그것이 24시간 우리와 만나기를 원하시는 하나님의 마음입니다.

처음에 다윗은 사망의 음침한 골짜기를 다닐찌라도 해를 두려워하지 않는 까닭이 주께서 자신과 함께하심에 있다고 생각했습니다. 그런데 가만 생각해 보니 하나님께서 자기와 함께하고 싶어 하는 것이 하나님의 마음이며, 하나님의 사랑이었음을 새롭게 깨닫게 됐습니다. 그 안에서 다윗은 또다시 풍성한 만족을 누릴 수 있었습니다. 그래서 '나를 안위하시나이다'라고 말합니다. 맨 처음 1절의 '내가 부족함이 없으리로다'와 같은 내용입니다.

나의 24시간은?

어쩌면 우리는 2절의 푸른 초장과 쉴 만한 물가를 가장 소망할지도 모릅니다. 그런데 하나님은 오늘의 푸른 초장과 내일의 푸른 초장 사이에 있는 사망의 음침한 골짜기 시간에도 함께 있자고 말씀하십니다. 우리는 하나님을 필요로 하고 있지만, 하나님은 우리와 친밀하게 '함께 있자'고 말씀하십니다. 이런 점에서 우리는 지나치게 약아빠진 사람들이고, 반대로 하나님은 사랑이 넘치는 분이십니다.

그런데도 우리는 이런 하나님을 잘 대해 드리지 못합니다. 목자이신 하나님께 모든 것을 맡겨 드리는 어리숙한 양이 아니라 계산만 빠른 믿음 없는 사람들이기 때문입니다. 하지만 그렇게 머리를 굴려 봐야 돌아오는 것은 두려움과 외로움뿐입니다. 사망의 음침한 골짜기에 있는 시간은 두려움과 외로움의 시간입니다.

그러나 거기서 목자이신 하나님을 바라본다면, 그곳은 비록 사망의 음침한 골짜기라 하더라도 하나님을 만나는 푸른 초장, 쉴 만한 물가가 될 수 있습니다.

지금 내가 비록 사망의 음침한 골짜기 같은 처지에 있더라도, 목자의 지팡이와 막대기가 나를 위한 막대기라고 믿는다면 그 시간은 하나님을 만나는 푸른 초장, 쉴 만한 물가의 시간이 될 수 있습니다.

문제는 내가 지금 어디에 있느냐가 아니라 내가 지금 누구를 보고 있느냐, 무엇을 보고 있느냐에 달려 있습니다.

사망의 음침한 골짜기에서 다윗이 바라봤던 한 가지는 앞에 계신 목자였습니다. 그리고 그의 손에 들린 지팡이와 막대기였습니다. 그랬더니 거기도 하나님의 안식이 넘치는 푸른 초장, 쉴 만한 물가가 되었습니다. 거기서 그는 하나님의 샬롬을 경험할 수 있었습니다!

다윗에게는 사망의 음침한 골짜기마저 푸른 초장, 쉴 만한 물가와 같았습니다. 거기에도 목자이신 하나님이 계셨기 때문입니다. 그는 결국 하루 24시간 하나님을 만나고 있는 사람이 됐습니다! 우리는 어떻게 해야 다윗처럼 24시간 푸른 초장과 쉴 만한 물가를 경험할 수 있을까요?

두려움 앞에서 그 대상을 보지 말고
내가 얻어야 할 해답의 통로를 보십시오.

SHARING & CHECK

말씀 나눔과 점검

1. 당신은 하나님과 친밀한 사람입니까, 아니면 하나님을 필요로 하는 사람입니까?

2. 당신의 평안을 깨트리는 '사망의 음침한 골짜기'는 무엇입니까? 그때 당신은 어떻게 합니까?

3. 당신에게 있는 두려움의 짐은 무엇입니까? 그것을 이기기 위해 당신은 어떻게 의지적으로 반응합니까?

4. 당신은 두려움의 상황에서 두려움의 대상을 봅니까, 아니면 그 두려움의 해결자이신 하나님을 봅니까?

5. 당신은 하루 24시간 동안 하나님과 함께하는 시간이 많습니까, 아니면 하나님을 멀찍이 하는 시간이 많습니까?

6. 4절 말씀이 당신에게 준 메시지는 무엇입니까?

CHAPTER 5

목자의 잔을
받은 양

"나는 내 잔이 넘치기를 구하는가,
내 잔을 넘치게 하시는 하나님을 구하는가?"

주께서 내 원수의 목전에서
내게 상을 베푸시고
기름으로 내 머리에 바르셨으니
내 잔이 넘치나이다.
– 시편 23:5

시편 23편은 하나님께 인정받은 사람의 노래입니다. 하나님께 인정받는다는 것이 얼마나 영광된 일입니까? 이것은 우리 신앙의 마지막 목표이기도 합니다. 그러나 이 일이 또 얼마나 어려운 일인지도 우리는 잘 압니다. 그렇다고 이것을 포기할 수도 없습니다.

하나님을 조금이라도 아는 사람은, 혹은 하나님을 믿는 사람은 어떻게 해서든지 하나님께 인정받는 믿음의 사람이 되고 싶어합니다. 이런 바람은 우리만의 바람이 아니라 하나님의 바람이기도 합니다. 우리가 하나님 당신께서 인정하실 만한 자리에 이르도록 하나님도 기대하고 계십니다.

성경에 기록된 말씀들이 성경 전체에 반복되고 있다는 점을 그 증거로 들 수 있습니다. 한번 말해서는 안 되니까 될 때까지 계속 반복해서 말씀하신 것이 성경입니다. 성경의 기록 자체가 그렇습니다.

물론 각 권이 여러 주제와 여러 내용들을 말하고 있는 것이긴 해도 결국 말하고자 하는 바는 한 가지입니다. 우리가 하나님을 경외하며 인정하도록 이끄는 것입니다. 성경 66권에 걸쳐서 하나님은 우리에게 반복해서 말씀하고 계신 셈입니다.

하나님께서 왜 이렇게 같은 말씀을 여러 차례 반복해서 오랫동안 하셨을까요? 바로 우리들 때문입니다. 우리가 하나님 말씀대로 쉽게 변하지 않는 사람들이기 때문에 그렇습니다. 우리는 말씀 듣고, 감동받고, 회개하고, 결심하고, 믿음으로 살려고 자기 딴에는 무진 애를 씁니다. 그런데 돌아보면 다시 그 자리입니다. 이런 우리 때문에 하나님도 하나님의 방식을 포기하고 어쩔 수 없이 우리 수준에 맞추셨습니다.

하나님의 방식은 얼마나 무한하고 다양한지 모릅니다. 하나님은 창조주이시기 때문입니다. 창조의 방식은 고정되어 있지 않습니다. 그래서 꽃 한 송이, 풀 한 포기 어느 것 하나 같지 않습니다. 하나님은 다양한 당신의 창조물을 보고 좋아하는 분이십니다. 그런데 하나님께서는 당신의 무한한 창조 방식을 접으시고 대신 같은 내용을 반복해서 설명하는, 우리를 위한 방식을 택하셨습니다.

그런데 우리는 같은 말을 해도 그대로 잘하지 못합니다. 만약 하나님의 방식대로 날마다, 매주마다 다른 구원의 방식을 말씀하시고, 다른 믿음의 방식을 말씀하셨다면, 아마 우리에게 구원은 없었을 것입니다. 하나님 보시기에 우리 인간들이 얼마나 하나님의 말씀에 무심한 것처럼 보였으면 하나님 스스로 당신의 화려한 창조 방식을 접어야만 했겠습니까? 하나님께서 우리를 보면서 참 많이 안타까워하셨겠다는 생각이 듭니다.

하나님께서 성경 66권을 통해서 같은 내용을 반복해서 말씀하신 까닭은, 그렇게 해서라도 우리를 하나님께서 기대하시는 수준에 이르게 하기 위해서입니다. 그 대표적인 예가 5절 말씀입니다. 우리는 시편 23편을 대할 때, 문자 그대로 됐으면 좋겠다는 기대를 가지고 말씀을 읽고 묵상합니다. 이 말씀대로 되면 얼마나 좋겠습니까? 그렇게만 된다면 시편 23편의 말씀은 우리에게는 더할 나위 없는 시입니다. 많은 사람들이 23편을 좋아하고, 애송하는 이유가 바로 이 때문일 것입니다.

그런데 이 시를 찬찬히 음미하고 묵상하면서 읽어 보면, 이 시가 우리의 바람을 적어 놓은 것이 아님을 알 수 있습니다. 오히려 하나님께서 우리에게 바라시는 것이 무엇인지 말하는 게 시편 23편의 목적입니다.

시편은 하나님의 말씀입니다. 그러니까 시편은 하나님께서 우리에게 하시는 말씀입니다. 결국 그 하나님께서 여섯 번에 걸쳐 우리에게 '믿음의 사람이 되라!'고 말씀하신 것입니다. 그런데 문제는 오늘 우리에게 있습니다. 우리가 이걸 잘 못합니다. 한 번 들으면 결심하고 그렇게 할 것 같습니다. 그런데 결국에는 못합니다. 그래서 2절에서 또 한 번 말씀하시고, 3절에서 또 한 번 말씀하시고, 그러면서 여기 5절까지 왔습니다. 6절에서 한 번 더 말씀하실 겁니다.

우리는 시편 23편을 통째로 좋아하는데, 하나님은 한 절 한 절 떼어서 말씀하고 있습니다. 우리가 하나님의 기대만큼 잘하지 못해서입니다. 그러면서도 그나마 여기 5절까지 왔습니다. 이것을 노래로 부르거나 시로 암송하는 것은 아주 낭만적이고 감동적이지만, 시편 23편의 양이 했던 것처럼 직접 몸으로 겪으며 5절까지 오기란 결코 쉬운 일이 아닙니다.

여하튼 1절부터 4절까지 잘 지나서 이제 5절에까지 오라는 것입니다. 여기까지만 오면 하나님께서 '이젠 됐다!'고 인정해 주시겠다는 말씀입니다. 그것이 5절과 6절이 뜻하는 바입니다. 시편 23편의 마지막 5절과 6절은 하나님께 인정받은 사람의 결과가 어떠한지 보여 주고 있습니다.

핵심은 우리 신앙이란 내가 봉사를 많이 했냐, 기도를 잘하느냐가 아니라 하나님께서 인정해 주시냐 아니냐에 달려 있다는 사실입니다.

하나님의 식탁

4절은 오늘의 푸른 초장에서 내일의 푸른 초장으로 가기까지 그 중간에서 겪어야만 하는 사망의 음침한 골짜기 코스였습니다. 다행히 이 죽음의 계곡을 지나는 양에게는 목자에 대한 믿음이 있었습니다. 옆을 보고 앞뒤를 보면 온통 자기를 죽이려고 준비된 죽음의 골짜기였지만, 양은 죽음의 골짜기를 보지 않고 자기 앞서 걸어가는 목자만 보기로 작정했습니다. 그리고 목자의 손에 들린 지팡이에만 집중했습니다. 그랬더니 그 막대기가 자기를 지켜 줄 막강한 무기로 보였습니다.

그러자 죽음의 코스를 지나는 그 시간조차 마치 푸른 초장, 쉴 만한 물가에 있는 것처럼 든든하고 평안이 넘쳤습니다. 이유는 딱 한가지였습니다. 목자가 여전히 나와 함께 있음을 알았기 때문입니다. 죽음의 계곡을 앞서 가고 있는 목자는 얼마 전 푸른 초장, 쉴 만한 물가에도 있었던 목자였습니다. 바로 이 한 가지 이유, 푸른 초장에서의 목자가 지금도 여전히 나와 함께하고 있나는 사실 때문입니다.

이것이 사망의 음침한 골짜기에서도 목자이신 하나님을 계속 만나고 있었던 다윗의 놀라운 고백입니다. 다윗에게 중요했던 사실은 내가 지금 푸른 초장, 쉴 만한 물가에 있느냐, 사망의 음침한 골짜기에 있느냐가 아니라 나의 목자이신 하나님과 함께 있느냐였습니다. 사망의 음침한 골짜기를 지나는 시간 역시 그에게는 하나님과 함께 있었던 시간이었습니다. 결국 다윗은 24시간 하나님을 만나는 사람이었던 것입니다!

드디어 그 죽음의 계곡을 빠져 나왔습니다. 눈이 부시도록 찬란하게 쏟아지는 햇빛이 거기에 있습니다. 시원하고 상큼한 바람이 온몸을 씻어 줬습니다. 가슴이 탁 트이면서 모든 게 좋았습니다. '이젠 살았구나' 싶었습니다. 그런데 골짜기 입구에서 나를 기다리고 있던 것은 다름 아니라 원수들이었습니다! 그들은 골짜기 끝에서 온갖 죽음의 장치들을 갖춰 놓고 나를 죽이려고 기다리고 있었습니다.

아마 양은 골짜기를 지나면서 기대했던 것이 한 가지가 있었을 것입니다. '이곳만 지나면 불행 끝, 행복 시작이겠지.' 그 기대 하나로 앞에 있는 목자만 바라보며 그 무섭고 아슬아슬한 죽음의 골짜기를 빠져 나왔을 것입니다. 마침내 골짜기를 나와서 '이젠 살았다, 휴!' 하고 한숨을 쉬었는데, 앞을 보니까 거기에 원수들이 버티고 있었습니다. '이젠 살았다!' 가 순식간에 '아이쿠!' 가 되고 말았습니다.

그런데 그 순간 또 '아!' 하는 감탄사가 흘러 나왔습니다. 그 원수들 보는 앞에 멋진 식탁이 하나 차려져 있었기 때문입니다! 그 식탁은 목자이신 하나님께서 나를 위해 차려 놓으신 푸짐한 식탁이었습니다. 이 부분을 공동번역 성경은 '원수들 보라는 듯 상을 차려 주시고'라고 쓰고 있습니다. 참으로 실감나는 번역입니다. 아주 잠깐 사이에 천당과 지옥을 왔다 갔다 하는 장면입니다.

오늘 우리의 삶이 이렇지 않습니까? 4절의 사망의 골짜기를 믿음으로 얼마나 잘 빠져 나왔습니까? 죽음의 골짜기를 빠져 나갈 수 있는 출구가 저 앞에 보이기 시작할 때, 마음은 얼마나 기대로 가득 찼겠습니까? '조금만 더, 조금만 더' 하는 심정으로 마지막까지 참고 왔습니다. 그렇다면 4절의 사망의 음침한 골짜기를 빠져 나온 다음에 5절은 바로 이렇게 시작되어야 할 것입니다. '주께서 내게 상을 베푸시고!' 그 중간에 '내 원수의 목전에서'라는 구절은 아예 없어야 합니다.

4절까지 지나오면서 원수들로부터 얼마나 많이 어려움을 당했습니까? 이 원수들은 5절에서 처음 만난 게 아닙니다. 항상 거기에 변함없이 있을 줄만 알았던 오늘의 푸른 초장과 쉴 만한 물가가 얼마 후 다시 풀 한포기 없는 메마른 땅,

메마른 계곡이 된 것도 지긋지긋한 원수였습니다. 하는 수 없이 다른 초장으로 이동하다가 천 길 낭떠러지에 떨어져서 죽을 뻔했던 일도 끔찍스러운 원수였습니다.

그리고 마지막 사망의 음침한 골짜기는 자기에게 직접 해를 가할 수도 있었던 강력한 원수였습니다. 그동안 수많은 원수들을 겪었습니다. 원수들을 상대하는 것이 쉬웠던 적은 단 한 번도 없었습니다. 매번 전투를 치러야 했고, 매번 아슬아슬했습니다. 마지막 사망의 음침한 골짜기를 빠져나왔을 때는 탈진할 정도였습니다. 온몸은 이리저리 찢기고 긁힌 상처투성이였습니다.

그렇게 힘겹게 빠져 나왔는데 이번에도 또 원수가 기다리고 있습니다! 이러면 양은 그 자리에서 죽는 겁니다. 더 이상 살고 싶지 않을 겁니다. 살 기력도 이젠 없습니다. 그런데 목자는 결코 양이 그냥 죽도록 내버려 두지 않습니다. 그것이 '주께서 내 원수의 목전에서 내게 상을 베푸시고'가 말하는 바입니다.

5절까지 오느라 탈진한 양은 자기를 위해서 상을 차릴 만한 기력조차 남아 있지 않았습니다. 있으면 먹고 살겠지만,

없으면 죽음의 계곡을 빠져 나왔어도 거기서 죽을 수밖에 없습니다. 그러면 4절의 믿음의 계곡을 지난 일은 헛수고가 됩니다. 그리고 오늘 우리가 믿음으로 하는 수고도 허사가 됩니다.

그러나 하나님께서 그렇게 내버려 두지 않으십니다. 하나님은 믿음의 수고가 영광의 식탁이 되도록 하시는 분입니다. 그것도 지금까지 나를 무시하고 죽이려 들었던 원수들 보란 듯이 멋지게 갚아 주는 분이 우리 목자십니다.

우리에게도 이런 날이 옵니다! 거인 골리앗이 어린 소년 다윗 앞에서 휴지소삭처럼 구겨졌던 날이 있었습니다. 모세의 뒤를 이어 이스라엘의 출애굽 행진을 책임지게 된 여호수아에게도 하나님의 날이 있었습니다. 하나님께서 여호수아에게 하나님의 힘을 실어 주셨습니다.

너의 평생에 너를 능히 당할 자 없으리니 내가 모세와 함께 있던 것 같이 너와 함께 있을 것임이니라 … 마음을 강하게 하라

담대히 하라 너는 이 백성으로 내가 그 조상에게 맹세하여 주
리라 한 땅을 얻게 하리라(수 1:5, 6).

이것이 여호수아에게 차려 주신 하나님의 식탁입니다.
하나님께서 우리 앞에 하나님의 식탁을 차리시는 그날은,
그동안 우리들을 약 올리고 깐죽거렸던 원수들이 이빨 빠진
호랑이가 되는 날입니다. 우리가 죽음의 계곡을 믿음으로
잘 건너온 것에 대해서 하나님께서 나 몰라라 하지 않으실
것입니다.

지금 힘에 겨우십니까? 죽음의 골짜기 입구에 차려져 있
을 하나님의 식탁을 기대하십시오. 그 식탁은 내가 내 손으
로 차리는 식탁이 아닙니다. 만약 그 식탁까지 나한테 차리
라고 한다면 그냥 여기서 죽는 게 낫습니다. 그 식탁 앞에
앉지 않고 그냥 굶는 게 낫습니다. 그러나 다행히도 그 식탁
은 내가 차리는 식탁이 아니라 목자이신 주님께서 친히 차
려 주시는 하나님의 식탁입니다.

주님의 식탁은 과거에 베드로를 살리기도 했습니다. 예
수님께서 십자가에서 죽게 되자 희망을 잃어 버린 베드로와
제자들이 다시 물고기나 잡으며 살자고 고향으로 돌아갔습

니다. 그것은 금의환향이 아니라 생존을 위한 마지막 선택이었습니다. 그들은 살기 위해 열심히 그물을 던졌습니다. 부모형제 다 버렸던 자신들의 잘못된 선택을 만회하기 위해서는 이 방법밖에 없었습니다. 그러나 그들에게 돌아온 현실은 "이밤에 아무 것도 잡지 못하였더니" (요. 21:3)였습니다. 고기를 잡았느냐는 예수님의 말씀에 대한 그들의 대답은 "없나이다" (5절)였습니다.

그들은 탈진했고 소득도 없었습니다. 남은 것은 3년 전 예수라는 선생을 따라 나섰던 자신들의 선택에 대한 후회와 절망뿐이었습니다. 부활하신 예수님께서 제자들을 찾아오신 날 아침의 디베랴 바닷가는 절망의 바다였습니다. 그들에게 그곳은 지옥이었습니다. 굶어 죽든 좌절해서 죽든, 그들이 마땅히 선택할 수 있는 방법이 없었습니다.

그때 그들에게 숯불이 보였습니다 (9절 참조). 그 위에는 생선과 떡이 놓여 있었습니다. 예수님의 식탁이었습니다. 예수님께서 말씀하십니다. "와서 조반을 먹으라" (12절 참조). 시편 말씀에 의하면 "내게 상을 베푸시고"입니다.

사망의 골짜기를 빠져 나온 다윗이 처음 목격했던 것은 자기를 죽일 듯한 원수들의 눈빛이었습니다. 절망의 디베랴 바닷가에 섰던 베드로가 처음 마주했던 것은 텅 빈 자기의 그물이었습니다. 그러나 다윗에게는 하나님의 식탁이 있었고, 베드로에게는 예수님의 식탁이 있었습니다. 그런데 그 식탁을 위해서 다윗이 한 것은 아무 것도 없었습니다. 베드로도 마찬가지였습니다. 다윗이나 베드로나 그저 얻어먹었을 뿐입니다!

하나님께서는 다윗이 보낸 눈물의 세월을 나 몰라라 하지 않으셨습니다. 베드로가 3년 동안 헌신한 세월을 예수님께서는 나 몰라라 하지 않으셨습니다. 그 결과가 하나님의 식탁, 예수님의 식탁입니다. 장차 우리가 받게 될 식탁이자, 오늘도 우리를 위해 이미 준비되어 있는 주님의 식탁입니다. 그 식탁의 주인공은 탈진한 양입니다. 하나님께서는 우리가 지나온 믿음의 세월에 대해서 갚아 주실 것입니다.

반면에 말로는 믿는다고 하면서도 정작 믿음 없이 살았던 사람에 대해서는 하나님께서 어떻게 하실 것 같습니까? 그냥 입으로만 '주여, 주여' 하고, 믿는 사람이라는 이름만 가지고 있으면 다 되는 걸까요? 하나님을 두려워하지 않았어도 목사나 장로로 살았으면 다 되는 걸까요? 하나님을 위해서가 아니라 자기 좋아서 교회봉사 하고, 자기 칭찬 받으려고 주의 종을 섬겼어도 다 되는 걸까요? 이 점에 대해서 사도 바울은 아주 단호하게 말하고 있습니다.

> 하나님께서 각 사람에게 그 행한대로 보응하시되 참고 선을 행하여 영광과 존귀와 썩지 아니함을 구하는 자에게는 영생으로 하시고 오직 당을 지어 진리를 좇지 아니하고 불의를 좇는 자에게는 노와 분으로 하시리라(롬 2:6-8).

결국 하나님의 식탁을 받을 것인가, 아니면 쪽박을 찰 것인가는 나한테 달려 있습니다. 겉으로 보기에 무엇을 했다는 것이 중요하지 않습니다. 이것을 증명하는 말씀이 그 다음에 나옵니다. "이는 하나님께서 외모로 사람을 취하지 아니하심이니라"(11절). 여기서 '외모'라는 것은 '믿음으로 하지 않았던', '겉으로 드러나는' 그의 직분이나 공로나 업적 같은 것을 의미합니다.

그러니까 하나님은 우리에게 속지 않으신다는 뜻입니다. 사람들은 직분이나 공로나 업적 같은 것으로 속고 속일 수 있습니다. 그러나 하나님은 겉으로 드러나는 외모에 속는 분이 아니십니다. 이것을 앞의 5절에서는 '하나님의 의로우신 판단' 이라고 말씀하고 있습니다. 우리의 모든 것을 하나님께서 판단하실 텐데, 그것은 아주 공정하고 정확한 판단이 될 것이라는 말씀입니다. 바로 여기에 우리의 소망이 있습니다.

그러나 동시에 두려움도 있습니다. 이 세상은 의로움이나 공정함보다는 자기의 이익만을 더 앞세웁니다. 그래서 '공정한 판사' 라는 말은 없어도 '비싼 변호사' 라는 말은 있습니다. '무전유죄 유전무죄' 라는 말도 오르내립니다. 이 세상에는 억울한 판결이 얼마든지 있습니다. 진실보다는 자기에게 주어질 이익이 판결의 기준이 되기도 합니다. 억울해도 말 못하고 사는 사람들도 많습니다. 이 땅은 천국이 아니기 때문입니다. 이 땅은 권력이나 부를 가진 자가 소리치는 세상일 뿐입니다.

하지만 주를 믿는 이들에게는 소망이 있습니다. 하나님께서 심판의 날에 모든 것을 의롭고 공정하게 판단해 주실 것이라는 소망입니다. 우리의 믿음의 눈물과 믿음의 수고에 대해서 나중에 억울해할 일은 없을 것입니다. 그때 우리의 눈물과 속상함에 대한 하나님의 대가가 분명히 있을 것입니다. 그것이 우리를 위한 하나님의 식탁입니다. 하나님의 판결이 의롭고 공정하다는 사실은 우리에게 소망이 아닐 수 없습니다.

한편으로 하나님의 의로우신 판단은 정말로 두려운 것입니다. 그 의로우심의 잣대가 몹시 정확하고 분명하기 때문입니다. 바울은 로마서 2장에서 또 이렇게 말합니다. "하나님이 예수 그리스도로 말미암아 사람들의 은밀한 것을 심판하시는 그날이라"(16절). 우리에게는 은밀한 것을 심판받는 그날도 옵니다.

우리가 하루하루 그나마 폼 잡고 살 수 있는 이유는 사람들이 우리의 은밀한 것을 보지 못하기 때문입니다. 그렇기 때문에 서로 속일 수 있고 이중생활도 가능합니다. 피차에 서로의 은밀한 것까지 속속들이 보고 다 알게 된다면 아마 사는 것 자체가 불가능하게 될지도 모릅니다. 자기를 위해서라면 사랑도 은밀히 속일 수 있고, 양심도 은밀히 속일 수 있는 우리입니다. 우리의 죄 가운데 '은밀함의 죄'만큼 달콤하고 스릴 넘치는 죄도 없을 것입니다. 그런데 이 달콤하고 스릴 넘치는 은밀한 미소가 들키는 날이 옵니다.

하나님의 심판 날은 이미 드러난 죄가 아니라 사람들의 은밀한 죄를 심판하는 날입니다. 그래서 그날은 믿는 이에게도 두려운 날이 될 수 있습니다. 우리를 위해 준비해 두신 하나님의 식탁도 기대해야 하지만, 우리를 공정하게 심판하시겠다는 하나님의 심판대도 잊어서는 안 됩니다.

그래서 믿음의 세월이 중요합니다. 이 세월과 연단들이 결코 헛된 것이 아닙니다. 우리가 믿음과 연단의 세월을 걸으며 옮기는 발걸음들 하나하나가 하나님의 식탁 메뉴판에 모조리 기록되고 있을 것입니다.

언젠가 하나님의 식탁에 앉아 그 메뉴판을 들여다보며 지금 겪고 있는 어려움들을 추억할 날이 있을 것입니다. '아, 그땐 이랬지, 그때 어떻게 이걸 다 이겨낼 수 있었을까?' 이런 생각을 하고 사망의 음침한 골짜기를 믿음으로 잘 건너온 자신을 자랑스러워하면서 하나님의 식탁 앞에서 기뻐할 것입니다. 그 하나님의 식탁을 소망하면서 사망의 음침한 골짜기를 믿음으로 빠져 나가야만 합니다.

그런데 식탁 말고도 우리를 기다리는 감격스러운 것이 또 하나 있습니다. 그것은 하나님의 기름입니다.

하나님의 기름

사망의 음침한 골짜기를 잘 빠져 나온 양을 위해 목자가 풍성한 식탁을 차려 놓고는 양을 앉혔습니다. 우선 급한 대로 이것저것을 먹였습니다. 탈진했던 양이 배불리 먹고 나자 긴장이 풀렸는지 잠이 들었습니다. 그러자 목자가 곯아 떨어진 양을 가슴에 안고 무언가를 하기 시작했습니다.

목자는 아까부터 양의 온몸에 가득한 상처들을 눈여겨 보고 있었습니다. 먹이를 찾아 길을 헤매느라 양의 머리와 얼굴 여기저기가 바위와 가시나무에 긁혔던 것입니다. 그 상처를 치료해 주려고 목자가 양의 머리에 기름을 발랐습니다. '기름으로 내 머리에 바르셨으니.' 실제로 목자들은 양들을 위해서 조그만 병에 기름을 담아 가지고 다닌다고 합니다.

목자이신 하나님께서 우리의 상처를 아십니다! 우리의 상처난 곳을 하나님께서는 불쌍히 내려다보십니다. 그러고는 하나님의 기름으로 우리를 치료해 주십니다. 하나님은 치료의 하나님이십니다. 하나님은 먹이기도 하고, 치료도 해주시는 목자입니다.

지금 이 양은 사망의 음침한 골짜기를 겨우 빠져 나온 양입니다. 그 안에서 죽을 수도 있었지만 목자만 바라보고, 목자의 지팡이를 막대기로 믿고 살아나온 양입니다. 살아서는 왔는데 온몸이 상처투성이입니다. 그 골짜기를 지나면서 여기저기 긁히지 않은 곳이 없습니다. 목자이신 하나님께서 그 상처를 치료해 주십니다.

다윗이 5절에서 마침내 만난 하나님은 치료의 하나님이었습니다. 그런데 이 하나님은 푸른 초장이나 쉴 만한 물가에만 있었다면 결코 만날 수 없었던 하나님이었습니다. 다윗은 인생에서 치료의 하나님을 만나고 나서 마음이 더 든든해졌습니다. 남은 인생 역시 계속해서 치료를 필요로 하는 삶이었기 때문입니다.

천국은 치료가 전혀 필요 없는 곳인 반면에 이 세상은 계속해서 치료가 필요한 곳입니다. 우리 인생이 얼마나 자주 파도타기를 하는지 모릅니다. 좋았다 나빴다 하루에도 열두 번씩 변합니다. 그런데 따지고 보면 좋은 시간보다는 나쁜 시간이 더 많은 듯 합니다. 우리는 잠깐 행복해하고 오래 힘들어 합니다.

우리의 삶이란 것이 원래 그렇습니다. 그래서 우리가 만나야 하는 하나님은 푸른 초장보다는 사망의 골짜기에서 더 길게 만나게 됩니다. 그래야 우리가 살 수 있습니다. 사망의 골짜기에 있는 동안 하나님을 만나지 못한다면, 우리는 이미 죽은 목숨입니다.

우리는 하나님의 식탁은 한 번이면 족해도, 하나님의 치료는 열 번은 더 필요한 사람들입니다. 하나님의 식탁은 한 번만 받아도 배부른데, 하나님의 치료는 열 번은 더 받아야 나을 수 있는 상처 많은 양들이기 때문입니다. 그런 나에게 하나님의 치료의 기름이 있으니 얼마나 다행인지 모릅니다. 하나님의 식탁과 하나님의 기름은 나를 위한 하나님의 축복입니다!

오늘 우리에게 하나님의 기름이 필요한 까닭은 나에게 상처가 있기 때문입니다. 그런데 그 상처는 하나님을 만날 수 있는 장치입니다. 하나님께서 나의 상처에 바를 치료의 기름을 가지고 오시기 때문입니다.

그러므로 그 상처를 하나님 앞에 그냥 내보이십

시오. 아프다고 그냥 우십시오. 울 힘도 없으면 신음소리라도 내십시오. 그러면 하나님께서 알아서 하실 것입니다!

요한계시록 21장 4절은 제가 장례식장에서 전하는 말씀 가운데 가장 위로가 되는 말씀입니다. "모든 눈물을 그 눈에서 씻기시매." 돌아가신 분이 살아 생전 믿음의 눈물로 사셨던 분일 경우에는 이 말씀이 남은 유가족들에게 얼마나 위로가 되는지 모릅니다. '지금 주님이 이분의 눈에서 눈물을 씻기고 계시겠구나' 하는 그림이 그려집니다.

하나님 앞에서 흘리는 눈물은 그냥 눈물이 아닙니다! 그것은 하나님의 청진기로 전달되는 내 영혼의 신음소리입니다. 하나님께서 나의 신음소리를 들으시고 하나님의 진료카드에 기록하실 것입니다. 하나님은 이제 나의 아픈 부위를 정확하게 아십니다. 그리고 마침내 그 아픔을 치료하시고, 그 눈물을 닦아 주실 것입니다.

상처 난 양을 가슴에 안고 그 머리에 목자의 기름을 붓는 것처럼, 사망의 음침한 골짜기를 통과한 믿음의 성도들에게 하나님의 기름이 준비되어 있습니다!

하나님의 잔

다윗이 경험한 하나님 식탁의 풍성함과 하나님 기름의 마지막 결정체를 '내 잔이 넘치나이다'라는 고백에서 찾아볼 수 있습니다. '내 잔이 넘치나이다'라는 다윗의 고백은 우리 모두의 소망이기도 합니다. 이 장면을 머릿속에 그려보기만 해도 가슴이 벅차오를 정도입니다. 사람들은 가장 기쁘고 행복한 순간을 더 기쁘고 행복하게 만들기 위해서 잔이 넘치도록 술을 따릅니다. 아마 이 대목이 시편 23편에서 최고 하이라이트 장면이 아닐까 싶습니다.

다윗은 지금 '내 잔이 넘치나이다'라고 했는데, 애초에 그가 자기를 양에 비유해서 시를 쓰고 있음을 기억합시다. 그리고 하나님은 그의 목자가 되십니다. 그렇다면 양에게 잔이 있을 리 없습니다. 여기서 잔은 목자의 잔입니다! 이 잔은 목자가 병에 든 기름을 따라 붓기 위해서 가지고 다니던 조그만 잔을 말합니다.

설령 그게 아니라 하더라도 잔이 필요한 것은 양이 아니라 목자입니다. 따라서 잔의 주인은 양이 아니라 목자입니다. 그런데 양인 다윗이 그 잔을 가리켜 '내 잔'이라고 말하고 있습니다. 어떻게 된 걸까요?

양인 다윗은 그 잔이 목자의 잔이라는 사실을 잘 알고 있었습니다. 양인 내가 지치고 몸이 불편할 때를 대비해서 목자가 가지고 다녔던 것입니다. 잔의 주인은 목자이지만 결국에는 나를 위한 잔이기 때문에 실제로는 내 잔인 셈입니다. 그래서 그냥 '내 잔'이라고 한 겁니다. 그런데 그 잔은 목자의 손에 들려 있습니다!

하나님의 손에 내 잔이 있습니다! 이는 내 인생의 모든 것이 하나님의 손에 들려 있다는 말입니다. 하나님의 손에 들려 있던 것이 내게로 오는 것, 그것이 바로 '내 잔이 넘치나이다!'에 담긴 의미입니다. 기대 이상의 복이 와서 내가 그 복을 감당치 못하겠다는 말입니다. 지금 나는 그 복 때문에 어쩔 줄 모르겠다는 겁니다. 그 벅찬 심정이 '내 잔이 넘치나이다!'라는 말에 고스란히 담겨 있습니다.

그런데 그렇게 되기까지 내가 한 일은 아무 것도 없습니다! 굳이 한 일이라면, 사망의 음침한 골짜기를 겨우 빠져나온 겁니다. 온몸에 생채기를 입고 신음하고 있는 것입니다. 처음부터 내 잔을 가지고 있었던 것도 아니었고, 그 잔

안에 무언가를 내가 부었던 것도 아닙니다. 나는 그냥 받았을 뿐입니다.

받고 보니 거기에 하나님의 기름이 넘치고 있었습니다. 잔도 사실은 목자의 잔이었고, 기름도 목자의 기름이었고, 식탁도 목자가 차린 것이었습니다. 여기서 내가 한 일은 아무 것도 없었습니다. '내 잔이 넘치나이다'라고 고백하는 다윗의 가슴은 너무도 벅차올랐습니다. 그래서 다윗은 그 다음 한마디를 그냥 가슴에 묻었습니다. '이 모든 것을 하나님이 하셨다!'

다윗은 지금 자기 잔에 무언가가 가득 찼음을 강조한 것이 아니라 하나님의 충만케 하셨음을 강조하고 있습니다. 하나님으로 인하여 넘치게 된 하나님의 충만케 하심이 다윗이 강조하려고 하는 핵심입니다. 다윗은 넘치는 물질을 즐거워했던 사람이 아닙니다. 그는 하나님의 충만함으로 감격했던 사람입니다!

여기에서 다윗은 오늘 우리에게 이렇게 이야기하고 있습니다.

내 잔을 넘치게 해달라고 구하기보다는 내 잔을

넘치게 하는 목자이신 하나님을 구하라!

그 하나님을 구하면 '내가 부족함이 없으리로다!' 라고 고백할 수 있게 됩니다(1절). 그 하나님을 구하면 '그가 나를 인도하시나이다!' 라고 고백할 수 있게 됩니다(2, 3절). 그 하나님을 구하면 '그가 나를 안위하시나이다!' 라고 말할 수 있게 됩니다(4절). 그 하나님을 구하면 '내 잔이 넘치나이다!' 라고 고백할 수 있게 됩니다(5절). 그 하나님을 구하면, '내가 여호와의 집에 영원히 거하리로다!' 라고 외칠 수 있게 됩니다(6절).

결과적으로 처음과 마지막 모든 결론이 '나는 부족함이 없다!', 나를 이렇게 하신 이는 '여호와 하나님, 나의 목자시다!' 라고 고백하게 됩니다. 이것이 시편 23편에 담긴 다윗의 신앙고백입니다.

목자 앞에서 우는 양

시편 23편의 결론은 하나입니다. '우리의 목자 되시는 하나님을 구하라!' 마침내 우리가 마지막에 하게 될 기도도 내가 필요한 것을 얻어내는 것이 아니라 하나님에게로 돌아가는 것입니다.

우리는 무언가가 필요해서 기도를 시작합니다. 그것을 얻을 때까지 쉬지 않고 열심히 기도할 테지요. 그런데 기도가 끝날 때쯤에는 우리가 하나님께 더 가까이 가 있어야 합니다.

이것이 하나님께서 우리에게 기대하시는 기도입니다. 이것이 하나님께서 우리에게 기대하시는 믿음의 수준입니다. 그래서 우리는 오늘도 하나님께 더 가까이 가기 위해서 기도하며 이 믿음의 길을 가고 있는 것입니다.

분명히 기억하십시오. 애당초 우리에게 내 잔이라는 깃은 아예 없었습니다! 단지 하나님께 받았을 뿐입니다. 빌렸을 뿐입니다. 따라서 있지도 않은 내 잔에 무언가를 채우려고 씨름하기보다는 이미 있는 하나님의 잔을 받아 내는 편이 훨씬 더 좋고 확실합니다. 그러기 위해서는 내가 철저하게 목자의 양이 되어야만 합니다. 그것도 무능하고 상처투성이의 탈진한 양이 되어야 합니다. 하나님 앞에서 잘난 척하고, 괜찮은 척하면 안 됩니다.

　하나님 앞에서는 그냥 엎어져야 합니다. 울고 싶으면 울고, 아프면 신음해야 합니다. 그러면서 하나님을 진정 나의 목자로 삼아야 합니다. 그러면 목자이신 하나님께서 당신의 기름으로 내게 난 상처를 치료해 주실 것입니다. 나를 위해서 가지고 다니시던 하나님의 잔이 결국에는 내 잔이 되는 것입니다.

　그 하나님의 잔을 구하십시오. 당신의 목자이신 하나님을 구하십시오. 그러면 하나님의 잔이 넘치는 내 잔이 될 것입니다!

지금 힘에 겨우십니까?
죽음의 골짜기 입구에 차려져 있을
하나님의 식탁을 기대하십시오.

SHARING & CHECK
말씀 나눔과 점검

1. 당신은 당신의 잔이 넘치기를 구합니까, 아니면 당신의 잔을 넘치게 하는 하나님 자체를 구합니까?

2. 당신이 기대하는 하나님의 식탁은 어떤 것입니까?

3. 당신을 위해 차려질 하나님의 식탁을 기대하며 지금 참고 이겨내고 있는 것은 무엇입니까?

4. 하나님의 기름이 필요한 당신의 상처는 무엇입니까?

5. 당신은 하나님의 손에 있는 '내 잔'을 소망하고 있습니까?

6. 5절 말씀이 당신에게 준 메시지는 무엇입니까?

CHAPTER 6

여호와의 집을 바라는 양

"나에게 여호와의 집은
분양받은 집인가, 그림의 떡인가?"

나의 평생에 선하심과
인자하심이 정녕
나를 따르리니
내가 여호와의 집에
영원히 거하리로다.
– 시편 23:6

시편 23편은 다윗의 70년 인생을 단 한 장의 그림으로 노래한 자서전 같은 시입니다. 다윗은 파란만장했던 자신의 일생 전부를 단지 여섯 절의 짧은 시로 모두 말하고 있습니다. 다윗이 지금 이 시를 쓰면서 앉아 있는 자리는 5절에 나오는 '하나님의 식탁'입니다. 그는 이곳에 앉아서 2절부터 5절까지의 지난날을 회상하고 있습니다. 그러면서 6절의 먼 앞날을 내다보고 있습니다.

돌이켜보면 다윗의 일생에 때로는 푸른 초장도 있었고, 쉴 만한 물가도 있었습니다. 한편 천 길 낭떠러지도 있었습니다. 그때 목자가 달려와서 그를 다시 살려 내지 않았다면 그는 지금 하나님의 식탁에 앉아 있지 못했을 것입니다. 때로 그의 인생길은 사망의 음침한 골짜기였습니다. 그는 그 죽음의 계곡을 겨우 빠져 나왔습니다. '이젠 살았다' 싶었는데, 나와 보니 또 자기를 죽이려는 원수들이 입을 벌리고 기다리고 있었습니다. 그러나 그는 지금 하나님의 식탁에 앉아 있습니다!

하나님의 식탁은 생명의 식탁입니다. 하나님의 식탁에서 그는 오랜만에 여유를 누리고 있습니다. 목자가 발라준 기름으로 머리에 난 상처도 점점 아물고 있습니다. 거기서 그가 새삼 발견한 사실이 있습니다. 돌이켜보니 이제껏 목자이신 여호와 하나님께서 자기를 떠나셨던 적이 한 번도 없었다는 사실입니다.

하나님은 푸른 초장에도 계셨고, 쉴 만한 물가에도 계셨습니다. 때로 그 하나님은 천 길 낭떠러지 밑에도 계셨고, 사망의 골짜기에도 계셨습니다. 심지어 지금 원수들이 노려보고 있는 그 자리에도 계십니다. 지금까지 어느 한 순간, 어느 한 곳, 하나님께서 자기를 떠나셨던 적이 없었다는 사실을 다윗은 지금 하나님의 식탁에서 다시 떠올리고 있습니다. 그래서 외쳤습니다.

여호와는 나의 목자시다! 그래서 나는 부족한 것이 전혀 없다! 나에게 여호와 하나님보다 더 필요한 것은 이제 없다! 나는 여호와 하나님 한 분만으로 만족한다!

다윗의 이 선언은 자기고백의 시작이었습니다. 이는 다윗의 생애를 전부 아우르는 최종적인 선언입니다. 다윗은 생애 전체를 통틀어 마지막에 결론지은 이 놀라운 고백을 인생의 자서전 맨 앞으로 가져갔습니다. '여호와는 나의 목자시니 내가 부족함이 없으리로다!' 라고 말하며 시편 23편을 시작한 것입니다.

다윗의 이 선언은 모세가 하나님의 창조 비밀을 깨닫고 놀란 것과 그 맥을 같이 합니다. 모세가 창세기를 쓰면서 제일 앞에 기록한 말씀이 "태초에 하나님이 천지를 창조하시니라"(창 1:1)입니다. 이 말씀이 모세의 '하나님 천지창조선언'이었다면, 시편 23편은 다윗의 '여호와 목자선언' 입니다. 천지창조의 한복판에 하나님께서 창조주로 계셨던 것처럼, 다윗은 자기의 인생 한복판에 하나님이 목자로 계셨음을 고백하고 있습니다.

그리고 다윗은 그 놀라움에 대한 감격스런 고백을 지금 하나님의 식탁에 앉아서 하고 있습니다. 거기에 앉아 그렇게 고백하고 있는 자신을 볼 때 세상에 자기만큼 복된 인생도 없다는 생각을 했을 겁니다. 우리가 볼 때 다윗은 부족한 것이 전혀 없는 사람입니다. 그가 재물 같은 것을 많이 가지고 있어서가 아니라 하나님을 인생의 가장 중요한 가치로 인정하고 확신하고 있기 때문입니다.

이런 다윗에게 세상의 재물은 오히려 거추장스러운 군더더기로 보일 뿐입니다. 가진 것이 많든 적든 상관없이 '나는 부족함이 없다!', '내 잔이 넘친다!'고 노래하고 있는 다윗은, 그래서 세상에서 가장 행복한 사람입니다.

다윗도 어떻게 이야기해야 마음속 이야기를 다할 수 있을지 가슴 벅차해하고 있습니다. 자기를 영광의 식탁에 앉히신 하나님의 사랑과 은혜를 이루 다 표현해낼 길이 없습니다. 그래서 흥분된 마음을 다시 정돈하고 다윗이 마지막으로 노래한 것이 6절입니다. '나의 평생에 선하심과 인자하심이 정녕 나를 따르리니 내가 여호와의 집에 영원히 거하리로다!'

선한 목자

'나의 평생에'라는 말은 문자적으로는 '앞으로 남은 나의 생애에 그렇게 되기를 바란다'는 뜻으로 쓰였습니다. 그러나 사실 다윗이 자기의 지나온 인생을 돌아보니 지금까지 한순간도 하나님 사랑의 손길과 인자하신 은혜가 끊이지 않았습니다. 때로 인생의 낭떠러지에 있었을 때도, 때로 사망의 골짜기에 있었을 때도, 때로 원수 앞에 있었을 때도 돌아보니 거기에도, 그때에도 하나님의 사랑과 인자하심이 늘 있었습니다.

돌이켜보면 인생의 낭떠러지에서 믿음이 흔들릴 수도 있었습니다. 사망의 음침한 골짜기에서 절망의 나락으로 떨어져 죽을 수도 있었습니다. 원수들 앞에서 두려워 떨 수도 있었습니다. 그때마다 하나님이 지금 어디 계신지, 왜 이런 나를 돌보지 않으시는지 원망하고 탓할 수도 있었습니다. 정작 내가 필요로 할 때 하나님은 어디 계셨냐고 따질 수도 있었습니다.

그런데 지금 하나님의 식탁에 앉아 지난날을 돌이켜보니 흔들렸던 것은 자신이었습니다. 두려워했던 것은 자신이었습니다. 절망했던 것은 단지 자신뿐이었습니다. 그런데 흔들리고 두려워 했던 그때에도 하나님의 사랑과 하나님의 인자하심은 여전했습니다. 하나님의 식탁에 앉아 돌이켜보니 그게 사실이었습니다. 다윗이 자기의 무릎을 치면서 혼자서 이렇게 말합니다.

아! 그때 거기서도 하나님의 선하심과 하나님의 인자하심이 그대로였구나! 그렇다면 주님, 저의 남은 삶에서도 하나님의 인자하심과 선하심이 계속 되기를 원합니다! 제 인생에 가장 중요한 것은 주님의 선하심과 여호와의 인자하심입니다! 지금까지 그렇게 하셨던 것처럼 주님의 사랑과 인자하심으로 저를 채워 주십시오!
그러면 내 잔이 넘칠 것입니다! 저는 주님이 그렇게 하실 것을 믿습니다. 주님은 저의 목자시니까요. 저는 이제 더 이상 필요한 것이 없는, 부족함이 없는 사람입니다!

오늘 우리도 그렇습니다. 내가 기대하는 푸른 초장을 만나기 전까지는, 내가 누리고 싶은 쉴 만한 물가에 이르기 전까지는 하나님의 사랑을 의심할 수 있습니다. 잘 나가는 사람들을 보면 하나님이 나에게만 자비를 베풀지 않으시는 것처럼 느껴질 수 있습니다. 겨우 얻은 행복이 뒤엎어지고, 겨우 얻은 가정이나 직장의 안정이 깨어질 때, 하나님이 나한테만 계시지 않는 것처럼 여겨질 수도 있습니다. 그런데 나중에 하나님의 식탁에 앉아 그때를 돌아보면, '그때 거기에도' 하나님이 계셨음을 알게 될 것입니다!

그런데 당장은 의심이 들고, 머리로는 믿어지는데 마음은 흔들리기도 합니다. 우리가 잘하는 것은 늘 내 곁에 계신 하나님을 보는 것이 아니라 그날그날 내가 겪게 되는 환경과 상황에 반응하는 것이기 때문입니다.

힘든 일을 겪을 당시에는 먹고사느라 정신이 없었습니다. 식탁에 앉아서 밥을 먹었던 것이 아니라 뛰면서 먹었습니다. 때로는 굶었습니다. 오로지 살아야겠다는 생각밖에 없었습니다. 내가 아니면 아무도 나를 살릴 수 없다고 생각했기 때문입니다.

그런데 마침내 하나님의 식탁에 앉아서 돌이켜보니까, 그때 거기서도 하나님이 나의 목자셨고, 하나님께서 나를 인도하셨고, 하나님께서 나를 다시 살려 내셨고, 하나님께서 그 죽음의 골짜기에서도 나와 함께하셨습니다. 그리고 마침내는 내 원수들이 보고 있는 자리에 나를 위해 식탁을 차려 놓고 나를 거기에 앉히셨습니다. 그래서 다윗은 다시 고백합니다.

주님, 주님이 저를 여기까지 인도하셨군요. 그때 거기서도 주님의 선하심과 인자하심이 있었군요. 그렇다면 주님, 저의 남은 삶에도 그렇게 해주시겠군요. 저의 남은 생애에 하나님의 사랑과 인자하심이 계속 될 것을 믿습니다!

다윗의 이런 고백이 6절의 '나의 평생에 선하심과 인자하심이 정녕 나를 따르리니'에 담겨 있습니다. 다윗은 이제 껏 자기와 함께하신 하나님의 선하심과 인자하심에 가슴 벅차 어쩔 줄 모르고 있습니다.

의심의 짐을 벗다

하나님의 식탁에 앉아 있는 시인 다윗에게 의심의 흔적이라고는 전혀 찾아볼 수 없습니다. 천하의 다윗이라 해도 왜 의심이 들거나 불안했던 순간이 없었겠습니까? 그는 한때 사울에게 쫓겨 다녀야 했고, 자기 아들 압살롬에게 배신을 당하기도 했습니다. 그럴 때마다 그도 인생이 휘청거리는 것을 경험했습니다.

그런데 지금 다윗의 모습은 담담하고 의연하기만 합니다. 이미 금메달을 손에 거머쥔 선수처럼 확신에 가득 차 보입니다.

여호와의 선하심과 인자하심이 정녕 나를 따르리니, 정녕 나를 따르리니… 반드시 그렇게 될 것이다! 하나님의 선하심과 인자하심이 내가 죽는 날까지 반드시 나와 함께 있을 것이다!

이것이 그 다음 '정녕 나를 따르리니'라는 말에 숨어 있는 다윗의 기대와 확신입니다. 다윗의 이런 확신은 어디서 왔을까요? 하나님의 식탁에 앉아 다윗은 또 생각해 봅니다.

어떻게 내가 그 천 길 낭떠러지에서도 살아날 수 있었을까? 어떻게 내가 그 무서운 사망의 골짜기에서 살아나올 수 있었을까? 어떻게 내가 무서운 원수의 눈앞에서 이렇게 마음 푹 놓고 배불리 먹고 있을 수 있을까?

생각해 보면 이 모든 것들이 그를 송두리째 흔들 수 있던 상황이었습니다. 다윗에게 이보다 더 힘들고 어려운 상황도 없었을 것입니다. 인생의 바닥을 쳐본 다윗은 이제 더 이상 내려갈 곳도 없었습니다. 그런데 바로 거기에 하나님이 계셨습니다. 그래서 그는 이런 결론을 냅니다.

지금까지도 그러셨다면, 내가 죽는 날까지 하나님의 선하심과 인자하심이 나와 함께하실 것이 틀림없다!

이것이 '정녕, 반드시 나를 따르리니'에 담긴 뜻입니다. 다윗에게는 이제 더 이상 어떤 의심의 구석도 남아 있지 않게 됐습니다. 어떤 폭풍도 다윗을 흔들 수 없게 됐습니다. 의심의 짐으로부터 자유로워지는 것, 그것이 진정한 믿음입니다. 흔들림 없는 믿음, 그것이 우리가 마지막으로 목표하는 믿음이 아닙니까?

그 단계에 이르기 전까지는 우리의 믿음에 의심의 찌꺼기가 남아 있습니다. 그러기 전까지는 우리의 믿음을 흔드는 일이 수도 없이 찾아옵니다. 이것은 우리가 여전히 겪고 있는 현실입니다.

믿으면 안 흔들린다고요? 이론적으로는 그렇긴 하지만 실제 우리를 보면 아닙니다. 믿으면 의심이 안 생긴다고요? 성경적으로는 그렇지만 실제 우리의 모습을 보면 그렇지 않습니다. 그렇다면 믿음이 흔들리고 의심이 생기는 이유가 뭘까요? 믿음이 없어서일까요? 아닙니다. 믿음의 연단이 아직 덜 끝나서입니다.

아브라함을 보면 잘 알 수 있습니다. 아브라함이 그의 나이 75세에 두 번째 하나님의 부르심을 받고 하란을 떠나 마침내 가나안에 도착했습니다(창 12:5 참조). 세월이 흘러 아브라함은 자기의 종이었던 다메섹 엘리에셀을 상속자로 지명했습니다(창 15:2 참조). 그러나 하나님은 "그 사람이 너의 후사가 아니라 네 몸에서 날 자가 네 후사가 되리라"(창 15:4)고 말씀하셨습니다. 아브라함은 여호와를 믿었습니다. 그랬더니 여호와께서 이를 그의 의로 여기시고(6절 참조) 그를 믿음의 사람으로 인정해 주셨습니다. 아브라함이 믿음의 조상으로 등극하는 장면입니다.

이 장면대로 하자면 아브라함은 자기한테서 아들이 날 때까지 흔들리지 않고 기다려야 했습니다. 그런데 믿음의 조상인 아브라함까지도 흔들렸습니다. 그로부터 10년이 지난 다음에 아브라함은 하갈을 통해서 이스마엘을 얻게 됩니다(창 16:3-4 참조). 아브라함이 믿음의 사람이었음에도 불구하고 그 믿음이 흔들렸습니다.

믿음의 조상이라고 하는 아브라함조차 왜 흔들렸을까요? 그에게 믿음은 있었지만, 믿음의 연단은 아직 남아 있었기 때문입니다. 그에게 아직 남은 연단은, 남자로는 죽은 나이 아흔아홉에 아이를 가지게 된다는 것이었습니다. 그보다 더 힘든 연단은 그렇게 해서 얻은 아들 이삭을 모리아 산에서 제물로 바치는 것이었습니다. 물론 나중에 아브라함은 이 모든 일들을 믿음으로 멋지게 통과했습니다.

그러나 그것은 창세기 15장 6절 이후 많은 연단의 세월을 거치고 나서 있었던 일들입니다. 그 이전에는 아브라함 역시 엘리에셀로, 이스마엘로 믿음이 흔들렸던 시절이 있었습니다. 이 모든 것이 믿음의 연단이 끝나지 않았을 때에 일어났던 일입니다.

믿음이 있다고 흔들리지 않는 것이 아닙니다. 믿음으로 산다고 의심이 없어지는 것이 아닙니다. 우리가 늘 경험하지 않습니까?

우리는 믿으면서도 얼마나 자주 흔들리는지 모릅니다. 믿고 살면서도 얼마나 많이, 얼마나 자주 의심하고 염려하는지 모릅니다. 아직 믿음의 연단이 끝나지 않았기 때문입니다.
믿음의 연단은 믿는 모든 자들에게도 있습니다. 연단은 우리를 정금으로 만드시려는 하나님의 방식입니다.

그 모델이 욥입니다. 탄식하면서 연단 중에 있는 욥의 고백을 다시 들어보십시오.

나의 가는 길을 오직 그가 아시나니 그가 나를 단련하신 후에는 내가 정금 같이 나오리라(욥 23:10).

정금이라는 것은 더 이상의 순도가 나오지 않는 상태를

말합니다. 여러 번 용광로에 집어넣고 태워서 더 이상의 불순물이 없는 순금 상태가 정금입니다. 정금이라고 하는 것은 원광석이 좋은가 나쁜가에 달려 있는 것이 아니라 용광로에 몇 번 집어넣었느냐로 결정됩니다. 아무리 원광석이 좋아도 그 안에 있는 찌꺼기가 다 타서 없어질 때까지 풀무질을 하지 않으면 결코 정금이 될 수 없습니다. 그러나 처음에 불순물이 많았던 원광석이라도 계속 반복해서 용광로에 집어넣다 뺐다 하면서 마지막 티끌 하나까지 다 태워 버리면 정금이 됩니다.

원광석이 미워서 들들 볶으려고 용광로에 집어넣는 것이 아닙니다. 순도 99.99퍼센트의 정금을 얻으려고 용광로에 집어넣는 겁니다. 정금이 될 때까지는 이 방법밖에 없습니다. 용광로에 집어넣고 단련시키는 겁니다. 수도 없이 많은 테스트를 거쳐 최고의 선수로 만드는 겁니다. 그것이 '나를 단련하신 후' 라는 말에 담긴 뜻입니다.

욥은 자기가 그런 정금이 되기 위한 길을 하나님께서 아신다고 했습니다. '내가 가는 길을 그가 아시나니.' 그리고 하나님의 그 방식을 욥도 알고 있었습니다. 그래서 '그가 나를 단련하신 후에는' 이라고 말했던 것입니다. 그리고 그 결

과도 알고 있었습니다. '내가 정금 같이 나오리라.'

그래서 욥은 오늘날 인내의 상징이 될 수 있었습니다. 욥은 자기 인생의 의미와 목적이 무엇인지 알고 살았던 사람입니다. 그는 지금 우리 앞에 정금 같은 믿음의 사람으로 우뚝 서 있습니다!

그때나 지금이나 믿음이 흔들리지 않기 위해서는 이 방법밖에 없습니다. 단련, 연단만이 방법입니다. 단련의 과정이 끝나기 전까지는 아무리 믿음을 가지고 있다고 해도 흔들릴 수밖에 없습니다. 단련의 과정이 끝나기 전까지는, 아무리 믿음으로 목자만 바라보고 걸어간다 해도 때로 의심이 들기도 합니다. 믿음의 단련이 아직 끝나지 않았기 때문입니다.

그러면 언제 믿음의 연단이 끝나게 될까요? 내 믿음이 흔들리지 않게 될 때입니다. 믿음의 연단이 끝나게 되는 때에는 하나님 앞에서 의심의 흔적조차 남지 않게 될 것입니다.

과연 그날이 올까요? 예, 옵니다. 그날이 언제일까요? 하나님의 식탁에 앉게 되는 날입니다. 마침내 다윗처럼 하나님의 식탁에 앉아서 자기 인생 전체를 두고서 "지금까지 하나님의 사랑과 인자하심이 단 한 번도 나를 떠난 적이 없었노라!"고 감격적으로 고백하게 되는 날이 바로 그날이 될 것입니다.

"앞으로 나의 사는 날 동안 하나님의 선하심과 인자하심이 반드시 나와 함께하실 것이다!"라고 고백하며 의심의 짐을 훨훨 벗고 믿음으로 선언하는 날이 바로 그날이 될 것입니다.

그전까지 우리는 흔들리는 사람, 의심하는 사람으로 살아 갈 것입니다. 그런데 이렇게만 생각하면 정말 기운이 빠지고 소망이 없어지는 것 같습니다. '믿음도 별거 없네…' 하는 생각이 들지도 모릅니다.

그러니 반대로 생각해 보면 바로 여기에 희망이 하나 있습니다! 내가 믿음의 길에서 흔들리고 있다는 것은 하나님께서 지금 나와 함께하고 계시다는 증거입니다! 다시 말해서, 믿는다고 하는데도 믿음이 흔들리고 의심이나 염려에 시달리고 있다는 것은 하나님께서 지금 나를 단련하고 계시는 중이라는 증거입니다. 지금 내가 용광로에 들락날락하고 있다는 것입니다. 그래서 흔들리기도 하고, 의심도 생기고, 아직 염려도 남아 있는 겁니다.

믿음을 가지고 나름대로 열심히 살다가도 어느 날은 완전히 뒤집힐 때가 있습니다. 기대했던 계획도 다 뒤집어지고, 좋았던 관계도 이상하게 꼬여 서로 상처를 주고받고 맙니다. 그런 날이 용광로에 들어가는 날입니다.

그러면 정신 차려서 기도도 더 하고, 내가 뭐 잘못한 것이 없나 돌아보며 회개도 합니다. 그러면 며칠 다시 좋아집니다. 그러다 며칠 지나면 다시 또 뒤집힙니다. 그러면 다시 또 기도하고, 교회 가고, 회개합니다. 흔들렸다 좋았다, 흔들렸다 좋았다 하는 것이 용광로 단련입니다. 이런 과정을 통해 우리는 점점 정금으로 만들어집니다!

빨리 정금이 되면 고생 끝입니다! 그런데 기대한 만큼 되지 못하면 '될 때까지' 갈 수밖에 없습니다. 그러면 나만 고생입니다. 하나님께 투덜대 봐야 소용 없습니다. 순도 99.99퍼센트의 정금이 아니면 시장에 가져다 내놓을 수 없기 때문입니다. 내놔도 사람들이 거들떠보지도 않습니다.

그래서 뭐라도 하려면 태워서라도, 두드려서라도 정금으로 만들어 내놔야 합니다. 정금도 아닌데 정금이라고 속이고 대충 팔았다가는 나중에 고발당할 수도 있습니다. 반품이라도 되면 애프터서비스도 해줘야 하고 골치 아픕니다.

그래서 하나님의 작업은 시간이 좀 오래 걸립니다!

그런데 어떤 사람들은 하나님의 작업이 채 끝나지도 않았는데 주의 일을 한다고 서둘러 나섭니다! 그러다 일이 터지면 수습하기가 더 힘들어집니다. 1년 임기인 서리집사가 일을 벌이면 그나마 수습하기가 쉽습니다. 그러나 70세 정년인 목사가 일을 벌이면 복잡해지고 자칫하면 사람들이 많이 다칠 수 있습니다. 그래서 하나님께서 집사 만드실 때보다 목사 만드실 때 더 손을 보고 이리저리 꼼꼼하게 따지십니다. 그래서 집사 연단보다는 목사 연단이 더 오래 걸리고 힘이 듭니다.

그렇게 해서라도 하나님은 우리를 정금으로 만들어 내놓겠다고 하시는데 사람들은 '일단 하면서 하자'고 합니다. 다른 사람들이 일하는 것을 보면 쉬워 보입니다. 그래서 일단 일부터 저지릅니다. 성질이 급해서 하나님보다 더 앞서 가려고 합니다. 그래서 나중에 일을 더 복잡하고 수습하기 어렵게 만들어 버립니다.

가만히 보면 하나님께서 정금 만드시는 방식을 아주 우습게 여기는 사람들이 있습니다. 그들은 심지어 하나님의 방법에 답답해 하기도 합니다. 그래서 일단 일부터 저지르고 봅니다. 그러면서 그것을 가리켜 하나님을 위한 열심이라고 말합니다. 그들은 하나님의 용광로에 들어가기는 싫고, 하나님의 시간을 기다리기에는 자기의 노후가 더 걱정되는 사람들입니다. 이런 사람들에게 하나님의 '정금 만들기 프로젝트'는 한낱 꿈 같은 이론으로만 여겨질 뿐입니다. 하나님의 방식을 이렇게 보잘것없는 것으로 여기는 사람들을 하나님께서는 어떻게 보실 것 같습니까?

갯벌을 생각해 보십시오. 갯벌 흙이 얼마나 곱고 알갱이가 작습니까? 손에 쥐었다가 물속에 넣으면 스르르 흘러가는 것이 갯벌 모래알입니다. 그런데 비상시에는 그 갯벌 위에 무거운 비행기가 착륙합니다. 갯벌에서 사람들이 뛰고 자동차도 달립니다. 갯벌이 그렇게 되기까지는 수백 년, 수천 년 동안 수도 없이 많은 썰물과 밀물이 오고 가는 과정이 있었습니다. 그런 후에야 비로소 단단한 갯벌이 만들어진 것입니다.

그 작은 모래알갱이도 수많은 세월과 셀 수 없는 단련의 과정이 있어야 좋은 갯벌이 되는데, 하물며 우리의 믿음이라는 것이 어떻겠습니까? 은혜 받으면 하루아침에 된다고요? 능력만 받으면 된다고요? 그건 사탄의 속임수입니다. 인정하고 싶지 않아도 믿음과 연단의 세월은 한 세트입니다. 믿음이 없는 세월은 헛된 세월이고, 연단의 세월이 없는 믿음은 모래 위에 지은 집에 불과합니다(마 7:25-26 참조).

믿음의 단련을 좋아하는 사람은 아무도 없습니다. 그 과정이 너무나 힘들고 지루하기 때문입니다. 요즘처럼 쿨한 것이 대세인 젊은이들에게는 더군다나 그렇습니다. 사랑도 결혼도 속전속결로 쿨하게 해야 살맛난다는 사람들에게, 끝이 없어 보이는 하나님의 방식은 결코 환영받지 못하는 구식(舊式)일 뿐입니다.

현대인들에게 환영받는 하나님의 방식은 기도 끝나면 금방 응답이 떨어지고, 기도하면 암덩어리도 녹아 없어지고, 긍정적으로 생각하기만 하면 어떤 일이든 척척 풀려야 하는 것입니다. 그러지 못하면 답답한 하나님이고, 능력이 없는 하나님이며, 믿을 만한 하나님이 아닙니다.

사람들은 성에 안 차면 리모컨으로 채널 돌리듯 금방 다른 하나님, 자기가 좋아하는 다른 하나님을 찾아갑니다. 그것이 이단이든, 사이비든, 사람의 연줄이든 개의치 않습니다. 자기한테 도움이 된다면 어떤 하나님이든 좋다며 찾아가는 것이 오늘날 왜곡된 현대인들의 신앙입니다.

그런데 여기서 사람들이 놓치고 있는 가장 중요한 것이 하나 있습니다. 바로 '여호와의 집' 입니다!

여호와의 집을 분양받은 양

지금 5절에서 하나님의 식탁에 앉아 있는 다윗이 멀리 바라보고 있는 것은 여호와의 집, 천국입니다. 다윗은 지금 단지 '나중에 죽은 후에 갈 천국' 을 말하고 있는 것이 아닙니다. 다윗은 '지금, 여기서, 이미, 그 천국 여호와의 집을 누리고 있다' 라고 말하고 있습니다. 그것이 '내가 여호와의 집에 영원히 거하리라' 에 담긴 뜻입니다. 여호와의 집, 천국은 우리 신앙의 결론입니다. 어떤 천국신앙을 가졌느냐에 따라서 지금 여기서의 신앙도 달라질 수 있습니다. 천국신앙은 단지 먼 훗날 천국 가고 싶은 소망을 말하는 것이 아니라 '지금 여기서 천국을 어떻게 누리고 있느냐' 를 말합니다.

다윗은 지금 앉아 있는 하나님의 식탁에서 영원한 여호

와의 집을 바라보면서 가슴 벅차하고 있습니다. 그는 이미 여호와의 집을 누리고 있는 사람입니다. 다윗은 천국에 좋은 아파트 하나라도 분양 받아 놓은 사람처럼 보입니다. 저는 아파트 분양을 받아본 적은 없지만, 그게 어떤 기분일지 짐작은 됩니다. 신도시에 들어선 아파트 단지를 지날 때마다 저는 차량이 많아져서 도로가 붐비게 될까 봐 걱정하지만, 그곳에 아파트를 분양 받은 사람들은 입주할 생각에 마냥 들뜰 것입니다.

시편 23편의 다윗이 그렇습니다. 그는 지금 자기 집 입주를 눈앞에 둔 사람처럼 기대와 확신에 넘쳐 있습니다. '내가 여호와의 집에 영원히 거하리라!' 다윗은 뜬구름 잡는 과대망상증 환자일까요? 아니요, 그는 아주 현실적인 신앙의 사람이었습니다.

다윗의 믿음과 기대는 아주 실제적이고 현실적이었습니다. 그는 천국을 미리 살고 있는 사람처럼 보입니다. 천국은 우리에게도 실제적이고 현실적인 사건입니다.

예수님께서 근심에 가득 찬 제자들에게 말씀하시기를 "너희는 마음에 근심하지 말라 하나님을 믿으니 또 나를 믿으라 내 아버지 집에 거할 곳이 많도다… 너희를 위하여 처소를 예비하면" 이라고 말씀하셨습니다. 그런데 여기 '거할 곳이 많다' 라는 구절을 영어성경에서는 '많은 방들' (many rooms)로 번역하고 있습니다. 우리가 천국에 가서 살 집은 비좁은 단칸방이 아닙니다.

많은 방들이 딸린 처소(장소)가 장차 내가 살 천국의 내 집입니다. 그게 다윗이 말한 여호와의 집입니다. 구원받은 사람에게 여호와의 집은 이미 분양된 집이나 마찬가지입니다. 아직 들어가 살지는 않지만 그래도 내 집입니다. 그래서 마음속으로 가구 배치도 해보고, 벽지 색이나 무늬도 미리 생각해 두는 겁니다. 그러면서 새 집에 들어갈 꿈에 부풀게 됩니다. 분양받지 못한 사람에게는 그림의 떡이지만, 분양받은 사람에게는 실제 내 집입니다.

여호와의 집은 분양받은 천국의 내 집입니다! 그 집을 생각할수록 다윗은 정말이지 신나고 즐거웠습니다. 거기서 쫓겨나지도 않고 다시 팔 필요도 없이 영원히 살 것을 생각하니까 가슴이 벌렁거릴 정도로 좋았습니다. 그것이 '내가 여호와의 집에 영원히 거하리라'는 말에 담긴 가슴 벅찬 기대입니다.

저도 이 말씀을 묵상하면서 다윗처럼 제가 살 여호와의 집 동네를 그려 보다가 얼마나 좋았는지 모릅니다. 나중에 천국 우리 동네에 한번 오십시오. 앞집에 다윗이 살고, 뒷집에는 모세가 살고, 길 건너에는 바울이 살고, 그 옆집에 베드로가 살지도 모릅니다! 우리 동네 102동에는 주기철 목사님, 손양원 목사님이 계시고, 304동에는 돌아가신 저의 어머니와 아버지가 계실 것입니다.

그래서 천국에서도 많이 바빠질 것 같습니다. 이집 저집 날마다 마실 다녀야 하니까요. 천국에 가면 집집마다 들어야 할 이야기가 얼마나 많은지 모릅니다. 제가 다윗의 거실에 앉아서 시편 23편의 뒷이야기를 하고 있는 장면을 상상해 보십시오. 생각만 해도 신나지 않습니까?

돈 많은 사람들이 제일 높은 층 펜트하우스에 산다고 하는데, 천국에 있는 방들은 전부가 펜트하우스입니다. 우리나라에 있는 펜트하우스는 한강 조망권을 최고로 치지만, 천국에 있는 펜트하우스에서는 사방이 하나님 영광의 빛으로 가득 찰 것입니다. 심지어 천국에 있는 내 방에 누워서도 주님의 얼굴을 볼 수 있을 것입니다.

다윗의 시를 생각하면서 저도 이런 그림을 한번 그려 봅니다. 다윗은 오늘 우리에게 실제로 존재하는 여호와의 집, 천국을 노래하고 있기 때문입니다.

여호와의 집, 천국은 하늘 어딘가에 떠 있을지도 모를 어떤 신기루가 아닙니다. 천국은 실재하는 곳이고, 하나님이 계신 곳입니다. 저는 예수님께서 "내 아버지 집에 거할 곳이 많도다" 라고 하신 말씀이 정말 궁금합니다.

방이 많다고 하셨는데, 많다는 것이 몇 개를 말씀하신 건지 정말 궁금합니다. 그리고 방의 모양은 어떻게 생겼을지, 천국 우리 동네에 누가 있을지 궁금합니다. 천국은 무슨 색일까요? 천국에서 향기가 난다면 어떤 냄새일까요? 천국에는 생명의 강이 흐른다고 했는데, 생명수의 온도는 어느 정도일까요? 천국을 소망한다고 말하면서도 실제로는 별로 관심 없이 사는 것이 우리의 모습이 아닌지 모르겠습니다. 그저 '나중에 죽으면 가지 뭐' 하는 정도로만 생각하는 것 같습니다.

그러나 다윗은 아니었습니다. 다윗에게 여호와의 집은

'이미 분양받은 자기 집'이었습니다! 그래서 여호와의 집, 천국만 생각하면 세상 부러울 것이 없었습니다. 다윗의 시편 23편은 종말론적 소망으로 넘쳐 나고 있습니다. 그 소망이 있기에 다윗은 세상의 모든 것을 이겨낼 수 있었습니다. 그래서 '내가 부족함이 없다!'고 맨 처음 선언한 것입니다.

이제 여섯 번에 걸친 시편 23편의 말씀을 모두 마치면서 우리 각자가 확인해야 할 것이 하나 있습니다. 그것은 나에게 여호와의 집, 천국에 대한 종말론적인 신앙이 있느냐 하는 것입니다. 오늘 우리의 상황은 마태복음 24장에서 얘기하는 종말론적 상황이 아닐 수 없습니다. 물론 이것이 어제오늘만의 상황은 아닙니다. 수백 년, 수천 년 동안 이런 상황은 이어져 왔습니다.

그러나 어찌됐든 지금 우리 주변의 상황은 종말론적인 상황입니다. 그런데도 우리의 신앙은 지나치게 현세적인 것은 아닌지 모르겠습니다. 우리의 신앙이 이 땅에서의 '웰빙'만 구하고 있는 것이라면, 다윗이 누렸던 여호와의 집에 대한 감격과 소망을 미리 누리지는 못할 것입니다.

다윗은 지금 하나님의 식탁에 앉아 여호와의 집을 바라

보고 있습니다! 하나님의 식탁은 단지 다윗이 누렸던 시편 23편에만 있는 것일까요? 다윗이 바라보았던 여호와의 집은 단지 다윗만 기대하고 누렸던 '분양 끝난 남의 집 이야기'일까요?

목사로서 제가 가지고 있는 꿈이 하나 있다면, 하나님의 식탁에 함께 앉아서 여호와의 집을 바라보는 것입니다. 우리도 거기서 다윗이 노래했던 것처럼 그렇게 노래하는 날이 있을 것입니다.

여호와는 나의 목자시니 내가 부족함이 없으리로다 나의 평생에 선하심과 인자하심이 정녕 나를 따르리니 내가 여호와의 집에 영원히 거하리로다 아멘.

다윗은 생애 전체를
통틀어 이렇게 노래합니다.
"여호와는 나의 목자시니
내가 부족함이 없으리로다!"

SHARING & CHECK

1. 당신에게 여호와의 집, 천국의 집은 이미 분양받은 내 집입니까, 아니면 단지 그림의 떡에 불과한 이상향입니까?

2. 당신이 지금 하나님의 식탁에 앉아서 여호와의 집을 바라본다면 어떤 느낌이 들 것 같습니까?

3. 사람의 눈으로 볼 때 아무 것도 없던 다윗이 '나는 부족함이 없다!', '내 잔이 넘친다!' 라고 노래한 것처럼 당신도 그럴 수 있습니까?

4. '믿음이 흔들리는 것은 믿음의 연단이 덜 끝나서'라는 말을
   어떻게 생각하십니까?

5. 당신은 지금 여호와의 집, 천국을 누리며 살고 있습니까?

6. 6절 말씀이 당신에게 준 메시지는 무엇입니까?

좋은씨앗은 하나님의 말씀입니다. 이 말씀이 좋은 마음밭에 떨어져 하나님의 나라가 땅끝까지 확장되고, 예수 그리스도를 본받아 그 향기를 품은 성령의 사람들이 세상에 넘쳐나길 기대합니다. 그래서 백 배, 육십 배, 삼십 배의 결실을 맺길 소망합니다(마 13:18). 천국은 좋은 씨를 제 밭에 뿌린 사람과 같기 때문입니다. 〈좋은씨앗〉은 이와 같은 소망과 기대를 품고 하나님께 출판 사역으로 쓰임 받기를 기도합니다.